# A MILITARIZAÇÃO DA BUROCRACIA

FUNDAÇÃO EDITORA DA UNESP

*Presidente do Conselho Curador*
José Carlos Souza Trindade

*Diretor-Presidente*
José Castilho Marques Neto

*Editor Executivo*
*Jézio Hernani Bomfim Gutierre*

*Assessor Editorial*
João Luís C. T. Ceccantini

*Conselho Editorial Acadêmico*
Alberto Ikeda
Alfredo Pereira Junior
Antonio Carlos Carrera de Souza
Elizabeth Berwerth Stucchi
Kester Carrara
Lourdes A. M. dos Santos Pinto
Maria Heloísa Martins Dias
Paulo José Brando Santilli
Ruben Aldrovandi
Tania Regina de Luca

*Editora Assistente*
Denise Katchuian Dognini

SUZELEY KALIL MATHIAS

# A MILITARIZAÇÃO DA BUROCRACIA

## A PARTICIPAÇÃO MILITAR NA ADMINISTRAÇÃO FEDERAL DAS COMUNICAÇÕES E DA EDUCAÇÃO
### 1963-1990

© 2003 Editora UNESP

Direitos de publicação reservados à:
Fundação Editora da UNESP (FEU)
Praça da Sé, 108
01001-900 – São Paulo – SP
Tel.: (0xx11) 3242-7171
Fax: (0xx11) 3242-7172
www.editoraunesp.com.br
feu@editora.unesp.br

CIP – Brasil. Catalogação na fonte
Sindicato Nacional dos Editores de Livros, RJ

M379m

Mathias, Suzeley Kalil, 1964 –

A militarização da burocracia: a participação militar na administração federal das comunicações e da educação, 1963-1990 / Suzeley Kalil Mathias. – São Paulo: Editora UNESP, 2004

Inclui bibliografia
ISBN 85-7139-541-1

1. Brasil – História – 1964-1985. 2. Brasil – Política e governo – 1964-1985. 3. Militarismo – Brasil. 4. Educação – Brasil – História. 5. Telecomunicações – Brasil – História. 6. Burocracia – Brasil – História. I. Título.

04-1717                                                                                          CDD 981.06
CDU 94(81)"1963/1990"

Este livro é publicado pelo projeto *Edição de Textos de Docentes e Pós-Graduados da UNESP* – Pró-Reitoria de Pós-Graduação e Pesquisa da UNESP (PROPP) / Fundação Editora da UNESP (FEU)

Editora afiliada:

*À Lia*

Não se acredite que Estado algum possa sempre tomar decisões seguras. Pelo contrário, deve-se sempre levar em conta que as decisões são todas dúbias, pois isto se inscreve na ordem das coisas, e não se consegue jamais escapar de um inconveniente sem recair em outro. Contudo, a prudência consiste em saber reconhecer a natureza dos inconvenientes e tomar os menos maus como satisfatórios.

*Nicolau Maquiavel*

# Sumário

Prefácio  11

Introdução  15

1 Forças Armadas e políticas públicas  31

2 Os militares na burocracia federal  59

3 Os militares nas Comunicações  89

4 Os militares na Educação  149

5 Forças Armadas, burocracia e sistema político  191

Considerações finais  207

Referências bibliográficas  211

# Prefácio

A militarização do Estado é entendida freqüentemente como o exercício do poder pelos militares e seus representantes, sem o fundamento da manifestação livre da cidadania. Como são antípodas a manifestação livre da cidadania e a militarização (que expressa o afastamento da democracia e a conseqüente ocupação militar do poder de Estado), os sinais mais evidentes da militarização são a repressão política, o controle da vida cultural, a supressão das liberdades, a desconsideração da diversidade, a identificação do inimigo ideológico nos movimentos sociais, o controle dos sindicatos e dos meios de comunicação, a censura etc.

Beneficiada pela perspectiva democrática, que abre novos horizontes para a pesquisa acadêmica, Suzeley Kalil Mathias enfoca a militarização da burocracia, ou de parte importante dela. Nesse sentido, a militarização constituiu a influência direta das Forças Armadas em instâncias estatais de natureza civil (Comunicações e Educação), expressando, a meu ver, a importância de tais áreas, a perspectiva gerencial e política de alguns setores militares sobre assuntos relevantes – nos quais reconheciam valor estratégico para o desenvolvimento do Estado – e, finalmente, a associação entre controle, vigilância e acomodação entre ganhadores e perdedores. Que a Educação e as Comunicações eram de importância fundamental para o Estado no regime militar, isto é bastante claro no livro. A autora é feliz na apresentação dos dados que vão, pouco a pouco, comprovando suas hipóteses. Que determinados setores militares desenvolveram perspectivas gerenciais na burocracia federal, isto também é certo. Em poucas décadas, o território nacional foi recoberto pelas comunicações, seja porque os telefones e fax chegaram aos rincões mais distantes por meio de empresas estatais, seja porque, sob a égide dos governos militares, foram construídas poderosas redes nacionais de rádio e televisão. Finalmente, há evidências de que a distribuição de cargos nesses ministérios obedeceu à lógica da acomodação entre grupos dentro das Forças Armadas – alguns claramente vencedores, outros não inteiramente perdedores –, sem dizer das secretarias vinculadas ao Serviço Nacional de Informações. Pois nada escapava à influência desse "monstro", como o classificou o general Golbery do Couto e Silva, seu idealizador.

O livro *Militarização da burocracia*, com que Suzeley nos brinda, revela meandros da militarização da administração pública, que, no entanto, não foi completa. Tanto que a autora se concentra em dois ministérios. Permanece ainda hoje questão relativamente inexplorada: os ministérios da área econômica não teriam sido militarizados. É certo que serviram aos objetivos do Estado, mas tais ministérios sobrepujaram-se aos interesses das Forças Armadas em diversos aspectos. Dois sinais são reveladores. Primeiro: os recursos destinados ao aparelho militar começaram a diminuir sob o domínio da burocracia de tais ministérios, e os governos democráticos preservaram essa tendência, de tal forma que o orçamento militar brasileiro é um dos menores do mundo conforme diversos indicadores. Segundo: nos primórdios da transição política, gestou-se na área militar um discurso que buscava explicar o seguinte paradoxo: tendo dirigido o país, as Forças Armadas não se teriam beneficiado do exercício do poder. Quem teria ganho, senão os burocratas e políticos civis e os burocratas e políticos "híbridos"? Ou seja, militares da reserva que preservaram áreas de influência nas Forças Armadas, nos governos (em ministérios onde o dinheiro rolava solto) e no Congresso Nacional; híbridos houve que detiveram poder nos Estados.

A MILITARIZAÇÃO DA BUROCRACIA    13

A propósito, levanto a seguinte questão para a reflexão dos leitores: estaria nosso país conhecendo uma "militarização às avessas"? Ou seja, estaremos diante não apenas do recuo militar de áreas civis, mas da ocupação de alguns espaços (antes identificados quase exclusivamente com os militares) por outros grupos burocráticos, de certo modo concorrentes com as Forças Armadas. Veja-se: a burocracia militar dirige as Forças Armadas, subordinadas ao ministro da Defesa; a burocracia que ocupa espaços inusitados é o Itamaraty. Os diplomatas não o fazem por conta própria nem usurpam poder, mas, em razão do seu preparo e das conveniências do exercício do poder, são alocados em postos de grande relevância: ministro da Fazenda no governo Itamar Franco; porta-voz presidencial, ministro da Ciência e Tecnologia, secretário de Assuntos Estratégicos e ministro de área econômica no governo Fernando Henrique Cardoso; ministro da Defesa no governo atual.

Ora, os militares e os diplomatas constituem duas burocracias muito fortes e perenes. Atentemos para o seguinte fato: houve embaixadores que eram militares (exemplo: o general Lyra Tavares, embaixador na França no governo do presidente Médici), mas não tivemos militar como ministro das Relações Exteriores em tempos recentes. Em outras palavras, o Itamaraty preservou o posto principal de sua estrutura da influência direta das Forças Armadas.

A criação do Ministério da Defesa e a elaboração da Política de Defesa Nacional contaram com a participação de representantes da burocracia diplomática, ao lado de oficiais das três Forças. E diplomatas houve em postos de relevo no Ministério da Defesa na gestão do ministro Geraldo Quintão (chefe de gabinete e assessor especial); no governo do presidente Luís Inácio Lula da Silva, o ministro da Defesa é o embaixador José Viegas Filho.

Nos momentos políticos que precederam à criação do ministério da Defesa, era patente o receio de setores militares de que as Forças Armadas viessem a ser dirigidas por um diplomata. No entanto, a gestão do ministro Viegas está ocorrendo sem sobressaltos. Já o retorno dos militares aos seus papéis – que não são poucos, muito menos destituídos de importância e grandeza na Defesa Nacional –

constitui a marca principal da desmilitarização sob o regime democrático.

Nas suas conclusões, Suzeley afirma que a administração federal e a própria política nacional teriam absorvido valores autoritários, tais como "a prevalência da ordem em detrimento do desenvolvimento, ou a desqualificação de opositores, não tratados como adversários, mas como inimigos e que, portanto, devem ser eliminados e não vencidos". Trata-se de uma militarização capaz de ultrapassar o regime militar. No entanto, sou otimista quanto à desmilitarização da política brasileira, como sugeri na reflexão que desenvolvi há pouco: entre as principais forças da sociedade civil e dos partidos políticos, não há inimigos a eliminar, nem o acesso ao poder se dá por outra via que não seja o voto.

*Eliézer Rizzo de Oliveira*

# Introdução

Este trabalho nasceu das preocupações de um grupo de pesquisadores que se reuniram no Núcleo de Estudos Estratégicos, incentivados pelo Prof. Shiguenoli Miyamoto. Tínhamos em comum a opinião de que era necessário aprofundar o conhecimento acerca da atuação das Forças Armadas no período autoritário.

Entendíamos que os militares passaram a exercer um novo papel no continente nas décadas mais recentes: o exercício direto de várias instâncias do Poder Executivo. Assim, no caso específico do Brasil, ocupar funções nas diversas esferas da administração direta e indireta, seja em ministérios seja nas empresas estatais (públicas, de economia mista e nas autarquias), passou a fazer parte das perspectivas castrenses. Destarte, muitos setores assumiram feição predominantemente militar: instâncias como os ministérios das Minas e Energia, do Interior, das Comunicações, empresas como a Petrobras e órgãos como o Departamento Nacional de Telecomunicações (Dentel), a própria Fundação Nacional do Índio (Funai), e o Ministério da Educação e Cultura ou do Trabalho, além de empresas como Itaipu etc. converteram-se em franco reduto militar.

Embora detivessem no pós-64 o controle do Estado, as Forças Armadas defenderam durante todo o tempo o argumento de que o governo era civil. O fato de o presidente da República ser um marechal ou general nada teria a ver com um regime militar, pois o cargo, sendo civil, poderia ser livremente ocupado por qualquer cidadão brasileiro, não importando se fardado ou não. Por isso mesmo, para não caracterizar o regime político brasileiro como castrense, os generais e marechais presidentes se trajavam à paisana, ao ocupar a Presidência da República, ao contrário de outros países com regimes semelhantes, onde o uniforme militar sempre se fez presente na pessoa do chefe de Estado.[1]

Em 1964, as Forças Armadas também entendiam que nada mais estavam fazendo do que repetir situações anteriores, quando ocuparam o poder momentaneamente, devolvendo-o às autoridades civis assim que a casa "estivesse em ordem". Isto é, desempenhando o velho papel de força moderadora do sistema político brasileiro. Não vamos aqui retomar as discussões a respeito do poder moderador das Forças Armadas brasileiras. Como se sabe, análises várias já caminharam nessa direção, tentando definir o papel interventor dos militares no cenário político nacional. Textos de José Murilo de Carvalho e Oliveiros Ferreira até quantificam as intervenções militares na República.[2]

Em contrapartida, as muitas análises a respeito mostram que houve uma significativa mudança não somente no comportamento, mas principalmente na participação política dos militares a partir da intervenção de 1964. Assim, a literatura que trata do papel das Forças Armadas nos anos mais recentes pode ser considerada satisfatória.[3] Os estudos cobrem desde o papel organizacional da instituição, passando pela Doutrina de Segurança Nacional, até enfoques que tentam mostrar que sua participação na política foi mais restrita, cabendo responsabilidade maior aos setores civis (Dreifuss, 1981).

---

1 Alguns bons estudos fazem referência ao processo de construção e internalização de valores pelos militares e ao impacto psicológico disso sobre o exercício da política. Ver, por exemplo, Rattenbach (1972); Dixon (1977); Finer (1975).
2 Consultar textos de Ferreira (1988) e Carvalho (1977). Ver também Moraes (2001).
3 Apenas para efeitos de ilustração, ver os levantamentos bibliográficos feitos por Lindenberg (1972) e Coelho (1985).

Essas análises, ainda que abrangentes, acabaram por centrar seu foco no papel das Forças Armadas brasileiras como controladoras das tensões sociais, como bloqueadoras das reivindicações oposicionistas, calando legal (via Atos Institucionais) e coercitivamente (prisões, torturas, banimentos etc.) todos aqueles que se opunham ao regime ditado pela ponta das baionetas.

Tais análises detiveram-se no caráter político-institucional das Forças Armadas, preocupando-se em verificar a participação dos militares no golpe de 1964, na sua responsabilidade na entrada do capital estrangeiro no país, no projeto "Brasil Grande" (anos 70), na distensão política etc.

Nenhum estudo, todavia, analisou a presença da elite fardada na burocracia administrativa. Obviamente, é importante saber que os militares controlavam e ditavam as regras, seja por intermédio do Ministério da Justiça seja pelos Decretos-Lei baixados diretamente pela própria Presidência da República.[4] Porém, crucial também é estudar a instituição militar a partir de sua efetiva participação no seio da administração pública — quantos eram, em que ministérios e empresas estatais ficaram lotados, e, o essencial: que importância tiveram na formulação e implementação das políticas governamentais, em suas mais diversas facetas.

Em outras palavras, para conhecer melhor o papel e a importância das Forças Armadas no desenvolvimento político brasileiro, é fundamental aferir em que medida a presença de militares nos diversos escalões da administração garantia a implementação e continuidade executiva dos planos governamentais (e se prolongariam sob governos civis), se tinham alguma influência na formulação das políticas, se o que era feito em termos governamentais correspondia ou não à retórica, ao discurso esguiano, às pretensões nacionalistas ou internacionalistas das Forças Armadas etc.

Uma ou outra tentativa, como a de Faucher (1981) ou a de Góes & Camargo (1984), abordou, ainda que levemente, o assunto, mas

---

4 Os famigerados antecedentes das atuais "medidas provisórias", que como se sabe eram usadas com mais moderação.

está longe de esclarecer quaisquer dúvidas a esse respeito. Stepan (1975), ao elaborar sua teoria, considerada uma das mais importantes dos anos 70, mitificou a Escola Superior de Guerra (ESG), o que lhe valeu críticas anos depois, através, por exemplo, de Markoff & Baretta (1985). Todavia, ainda que considerando seu pioneirismo, há muitas lacunas a preencher na pesquisa sobre a relação entre administração pública e Forças Armadas.

Explicita-se, tão-somente, que os militares são responsáveis pelos projetos de grandeza nacional, imputando tanto à ESG quanto às Forças Armadas como um todo a responsabilidade por um determinado projeto, como o Calha Norte, ou por tudo que foi até agora realizado. Dessa forma, fala-se que projetos como Itaipu obedeceram apenas a interesses militares, contra a Argentina; o acordo nuclear visando à obtenção da bomba atômica; os corredores de exportação obedecendo às teorias geopolíticas, e assim por diante.

Na verdade, são atribuídas à instituição militar, sem que se façam as devidas ponderações, por exemplo, ações que são de responsabilidade do Itamaraty (embora, é claro, possam ter passado pelo crivo da Secretaria Geral do Conselho de Segurança Nacional), do Planejamento, do Interior etc.

Detendo-se em um quadro tão geral, em vez de esclarecer, tais análises acabam trazendo sérias imprecisões sobre a participação de cada um dos atores nas decisões das políticas públicas.

Some-se a isso o desenvolvimento falho da burocracia brasileira, desenvolvimento que está muito longe de obedecer aos requisitos de estrutura racional que atribui Weber à organização burocrática.[5]

A vigência dos diversos tipos de relação pessoal (clientelismo, fisiologismo, nepotismo) para determinar tanto o preenchimento de car-

---

5 A avaliação das particularidades, ou nova racionalidade da organização administrativa, que tem vigência no Brasil, encontra análise sem paralelo em Raymundo Faoro (1985). A seguinte passagem resume sua visão sobre o papel dos militares: "O trânsito entre um tipo de modernização [da sociedade e do Estado] para outro tipo está vinculado ao Exército ... Ela [a força armada] não compõe apenas um ramo da burocracia, como não constitui uma classe, representando sua ideologia. Integra-se no estamento condutor, com presença pró-

gos quanto o *status* atribuído a cada função no interior da administração pública aponta para a incompetência como fator endêmico da burocracia brasileira.

É para isso que chama a atenção Barros (1981), revelando ainda que a origem social e a profissionalização das Forças Armadas, desde os tempos coloniais, cuidaram de capacitá-las para o exercício de funções tecnoburocráticas no interior da administração governamental. Note-se, a favor dessa idéia, que, a partir do golpe de 1964, o critério de preenchimento de cargos na administração pública pode ter sido substituído, passando do compadrio (clientelismo, nepotismo etc.) para o corporativismo (pessoal oriundo das Forças Armadas), ao menos nos postos-chave dessa administração.

É para esse fenômeno, pois, que voltamos nossa atenção. Repetindo o que já dissemos: a ênfase agora recairá sobre a ocupação de cargos, definidos como civis, por militares nos diferentes escalões governamentais, nos mais distintos setores públicos (político, econômico, administrativo etc.), procurando perceber qual a relação entre ocupação do poder político do Estado e o seu desenvolvimento burocrático-administrativo por meio da implementação (ou bloqueio) de políticas governamentais.

Tomado dessa maneira, o estudo implicaria a análise de toda a burocracia federal, com seus braços estaduais e até municipais. Demandaria o mapeamento de cada ministério e empresa estatal. Excluindo-se os ministérios militares, que são a parte do Estado brasileiro tradicionalmente ocupada pelas Forças Armadas, bem como o Ministério das Relações Exteriores, que, dadas as características da carreira diplomática e da política exterior, impede a participação de militares em seus quadros, todos os órgãos da administração burocrática poderiam ser contemplados pela pesquisa, pois são organismos, por definição, civis.

---

pria no quadro de poder, ostensiva nos momentos de divisão no comando superior, divisão que, na estrutura estamental, conduz à anarquia. Ao tempo que preenche o vácuo [deixado pelos civis], transforma as instituições, de cima para baixo, engendrando o reajustamento para mais acelerado desenvolvimento..." (p.747).

Se a pesquisa se limitasse ao arrolamento e à distribuição do pessoal civil e militar nas diferentes esferas do exercício do poder estatal, poder-se-ia considerar, sem distinção, toda a burocracia do Estado. Todavia, como a proposta é avaliar não só essa distribuição, mas principalmente a influência e participação dos militares na formulação e execução de políticas públicas, impõe-se a escolha de ministérios-chave. Para essa escolha, deve-se levar em conta que, durante o período de tempo definido neste projeto, o Executivo federal sofreu reformas que provocaram ora a extinção ora a criação de ministérios ou, ainda, em termos menos amplos, mudanças de nomenclatura. Quando a referência recair sobre ministérios específicos, considera-se que as atribuições podem mudar de mãos, mas não deixam de existir. Desse modo, por exemplo, pode-se estudar o setor do governo federal responsável pela política de planejamento independentemente de existir um Ministério do Planejamento.

Tomando, assim, por base o que representa cada instância em termos da implementação de políticas governamentais, as opções se estreitam. Entretanto, ainda assim são consideráveis. Como é sabido, setores técnicos, como Interior, Transportes, Comunicação etc., são considerados estratégicos pelos militares. Isso porque, num momento de conflito, as potencialidades de defesa e resistência de um país estão diretamente subordinadas à sua capacidade de prever e resolver os problemas relativos à mobilidade e comunicação da tropa e da população civil (Miyamoto, 1995). Não por acaso os ministérios ligados a essas áreas eram tidos, após 1964, como franco reduto castrense. Assim, impunha-se a escolha de um representante da área técnica.

Para avaliar se havia e como eram implementados os projetos militares, e também para comparar os diferentes níveis de influência castrense sobre as decisões de governo, entendíamos importante a inclusão de um ministério da área social.

A preocupação com a construção e institucionalização de regimes políticos necessariamente tem como ponto de partida a manutenção da ordem social, e, para isso, papel importante é reservado à formação do consenso, à construção e reprodução de valores sociais que garantam a coesão do grupo.

Pensando sobre isso, uma frase de Médici chamou nossa atenção:

> Sinto-me feliz, todas as noites, quando ligo a televisão para assistir ao jornal. Enquanto as notícias dão conta de greves, agitações, atentados e conflitos em várias partes do mundo, o Brasil marcha em paz, rumo ao desenvolvimento. É como se tomasse um tranqüilizante após um dia de trabalho. (in Mattos, 1990)

Assim, fomos quase que levados para duas áreas, uma "social" e uma "técnica", mas que têm como papel exatamente a reprodução (e o controle) social: a Educação e as Comunicações. Não sem razão, as primeiras medidas dos novos regimes recaem sempre sobre esses setores.

Tanto a Educação quanto as Comunicações, conforme já cuidaram de mostrar Gramsci e os teóricos da Escola de Frankfurt, são arenas nas quais o espaço da hegemonia é continuamente disputado. Nessa medida, são *loci* de formação dos valores sociais, da ideologia que norteará as escolhas de um grupo. Entre esses valores, certamente estão os políticos, entendidos como adesão a um dado conjunto de regras, que privilegiam ora a divergência e a discussão ora a ordem e a disciplina. Concordamos, pois, com Breed para quem as funções latentes (entendida no sentido de Merton) dos meios de comunicação são

> os *media* tradicionais e, também, os *media* emergentes reforçam a tradição e, ao mesmo tempo, explicam novos papéis, pela expressão, dramatização e repetição de padrões culturais. Assim, os membros da sociedade permanecem integrados na estrutura sociocultural. Entendidos como forma de socialização adulta, os *media* surgem como garantia de um conjunto de valores básicos, constituindo fonte contínua de consenso, não obstante a introdução de mudanças ... os *media* mantêm o consenso cultural pela reafirmação de normas. (in Cohn, 1971, p.217)

Assim, ao lado do controle político exercido pela força, os regimes políticos, para se firmarem, necessitam do controle social, proporcionado pela Escola[6] e pelos *media*.[7] Dois outros fatores, ligados aos meios de comunicação de massa, contribuíram para a escolha da área de Comunicação. O primeiro foi ressaltado por Lima, que afirma que

> O alcance do rádio cobre praticamente todo o território nacional: prevalecem as faixas de ondas médias, com 825 estações, mas as 95 emissoras de ondas curtas, disseminadas pelas diversas regiões do país, asseguram a instantaneidade da divulgação de mensagens informativas, educativas, diversionais e publicitárias. Por isso mesmo, *o rádio, em um país continental como o nosso, constitui fator decisivo de integração nacional*. (in Melo, 1971, p.23, grifos nossos)

O segundo foram as constantes denúncias de tráfico de influência no setor, particularmente no que se refere à concessão de estações de televisão. Tanto assim que alguns pesquisadores destacaram as relações escusas que nortearam, por exemplo, a formação da Rede Globo (Herz, 1987), e como esta sempre contribuiu para a bom funcionamento do regime militar, como defende Soares (in Matos, 1994). Aliás, a frase de Médici aqui exposta tem por referência o *Jornal Nacional* dessa emissora.

---

6 Exemplo de papel social da Escola é dado por Gramsci (s. d., p.120-1): "Não é completamente exato que a instrução não seja igualmente educação... O 'certo' se torna 'verdadeiro' na consciência da criança [estudante]. Mas a consciência da criança [do estudante] não é algo 'individual' (e muito menos individualizado), é o reflexo da fração de sociedade civil da qual participa, das relações sociais tais como elas se concentram na família, na vizinhança, na aldeia, etc. A consciência individual da esmagadora maioria das crianças reflete relações civis e culturais diversas e antagônicas as quais são refletidas pelos programas escolares: o 'certo' de uma cultura evoluída torna-se 'verdadeiro' nos quadros de uma cultura fossilizada e anacrônica...".

7 Entre as diversas contribuições a respeito do assunto (comunicação, educação e controle social), estão as relacionadas à constituição da opinião pública. Uma introdução competente ao tema é encontrada no verbete "Opinião Pública", de Nicola Matteucci (in Bobbio, 1986, p.842-5).

Também do ponto de vista do desenvolvimento tecnológico, o Ministério das Comunicações parecia ser a escolha correta, pois toda a política de modernização do setor foi realizada a partir do final dos anos 50, desde a rápida interligação telefônica até a agilização destes, via satélite, além do controle dos meios de comunicação social.

Por último, uma rápida avaliação do orçamento do governo federal mostrava que esse setor ficava na linha intermediária quanto ao montante de recursos a ele dirigido, indicando que não era prioritário.

Para a escolha do sistema de ensino como a contraparte social da pesquisa, além da sua importância para impor o consenso pela transmissão de valores "civis" e "morais", e do controle social que se estabelece a partir da educação formal, pesou o fato de ser por meio da educação que se formam os quadros futuros para a burocracia. Também foi critério para a escolha o fato de a Educação não ser considerada área estratégica do ponto de vista militar, apesar de figurar como o setor de maior montante orçamentário na área social.

Assim, para trabalhar a ocupação da administração pública pelos militares, na impossibilidade de avaliar todo o conjunto do governo federal, escolhemos as áreas de Comunicação e Educação. O que temos aqui é, pois, um estudo de caso. Objetivamos com este estudo ampliar nossa compreensão do papel exercido pelos militares no aparelho do Estado durante o regime autoritário militar e, em particular, da sua efetiva participação em cargos de caráter civil. Cremos que tal estudo poderá contribuir ainda para a realização de estudos semelhantes em outras áreas da burocracia do Estado.

Analisar as políticas[8] de Educação e Comunicações implica estudar o conjunto de princípios explícitos ou implícitos que orientam a normatização do uso de tecnologias e as práticas sociais decorrentes desse uso, bem como ações do governo, ou apenas suas intenções

---

8   O termo política, como utilizado aqui, deve ser compreendido como seu cognato inglês *policy*, isto é, o termo carrega o significado de plano e projeto de um dado grupo (no caso específico, o governo), referindo-se, ainda, à escolha e execução do plano em apreço. Sobre a incorporação de termos relativos às políticas públicas ao léxico da ciência política nacional, ver Draibe (1988).

expressas aplicadas às áreas indicadas. Portanto, a intenção desta pesquisa é avaliar, por meio do estudo dos projetos e das propostas para as áreas de Educação e das Comunicações feitas durante os governos militares, como também da leitura da legislação pertinente, o impacto da presença militar sobre o processo de decisão política e sobre a burocracia federal no período entre 1963 e 1990.

Sobre o período tratado (1963-1990), entre as várias opções pensadas, a contemplada pareceu-nos ser a mais abrangente e a que melhor elementos pode propiciar para a análise. Iniciar em 1964, depois de Castelo Branco assumir a Presidência da República, implicava não ter uma base de comparação a respeito da participação militar na administração pública, daí propor um recorte que contemplasse o governo Goulart. Sendo um civil e, melhor, desafeto das Forças Armadas, é de suspeitar que fosse bastante restrita a influência castrense sobre o processo de decisão. Incluir o governo Jango implica, também, avaliar como eram as relações entre civis e militares, bem como indicar os eventuais desacertos desse presidente quanto à cooptação das Forças Armadas (Benevides, 1976).

Na outra ponta, um corte em 1984 poderia ser eventualmente considerado. Contra essa alternativa, pesaria, porém, o fato de que a ascensão de José Sarney (no lugar de Tancredo Neves), embora senador da República e civil, parece nada ter representado em favor da *desmilitarização* do processo de decisão no setor público. Isso pode ser constatado pelas denúncias dos projetos paralelos desenvolvidos pela Marinha, pelo Exército e pela Aeronáutica, conforme a imprensa freqüentemente divulgava, como também pela subserviência de José Sarney ao estamento militar em todo o seu governo.

A ascensão de Fernando Collor à Presidência da República, por sua vez, trouxe alguns elementos interessantes para a análise. Sua decisão em reorganizar a administração pública, fundir o Conselho de Segurança Nacional e o Serviço Nacional de Informações numa mesma entidade, a Secretaria de Assuntos Estratégicos, as posições contra o programa nuclear e outras medidas, além de esvaziar o Palácio do Planalto dos militares que ali estavam baseados, encami-

## A MILITARIZAÇÃO DA BUROCRACIA

nhando-os aos seus locais de origem, fez desse governo objeto digno de ser contemplado nesta análise. Assim, a decisão de ampliar o período até pelo menos 1990 objetiva incluir um governo eleito diretamente, porque, nesse momento, poderá ser definitivamente encerrado o processo de transição, caracterizando a supremacia do poder civil sobre o poder militar no que se restringe, ao menos, ao controle do processo de decisão de políticas governamentais.

Ao longo da pesquisa que redundou neste trabalho, nossa hipótese de trabalho se alterou. Num primeiro momento, trabalhamos com a idéia de que a ocupação dos cargos civis por militares representaria a *militarização* do governo e, conseqüentemente, do Estado no Brasil. A partir da análise dos diversos dados, concentrados principalmente nas duas áreas escolhidas para o estudo (Educação e Comunicações), notamos que a *militarização* é algo muito maior e mais duradouro do que a simples ocupação de cargos, embora este seja um de seus mecanismos. Nosso propósito, portanto, é dar conta dos vários aspectos desse processo.

A orientação dada pelos militares às políticas públicas pode ter representado o deslocamento ou a introjeção do *ethos* militar das Forças Armadas no Estado, para utilizar a visão de Oliveiros Ferreira (1994), de tal forma que a presença ou não da farda nas instâncias importantes de decisão passou a ser uma questão de somenos importância. De fato, durante os anos militares, foi-se formando uma burocracia eficiente e eficaz para fazer valer uma visão de mundo cuja base era a construção da potência.

Nesse sentido, o termo *militarização* se desdobra em nossa análise: ele passa de simples ocupação de cargos por membros fardados a um conjunto de atitudes do governo que refletem uma visão de mundo que tem por base a organização castrense. Em termos provisórios, sugerimos três significados para *militarização*. Estes são complementares, mas não interdependentes:

1 *militarização* diz respeito à participação física ou à ocupação de cargos da administração pública civil pelos militares. Nesse caso, supõe-se que a administração é um meio de transmitir interesses para todo o sistema político. A apreensão do fenômeno é aqui mais

fácil, pois trata-se de comparar quantitativamente o peso de cada ator (civil e militar) na burocracia estatal;

2 *militarização* pode ser ainda a realização, por meio das políticas governamentais, das doutrinas defendidas ou formuladas pelos militares. Assim, quando uma política segue padrões geopolíticos ou responde ao autoritarismo embutido na Doutrina de Segurança Nacional, pode-se dizer que ela realiza um processo de *militarização*;

3 a impressão ou transferência de valores castrenses para a administração pública também é entendida como *militarização*. Em outras palavras, o *ethos* político (ou que vigora na *polis*) é equivalente ao *ethos* militar (Ferreira, 1988). Nesse caso, a definição é profundamente subjetiva e somente pode ser apreendida indiretamente.

No primeiro sentido, apreende-se a participação militar direta no processo de decisão, pois trata-se, na maioria das vezes, da presença física de membros das Forças Armadas em cargos que, por definição, são civis. Nos dois outros sentidos, é muito mais a influência militar sobre o processo de decisão que é enfocado pela análise, pois aqui o ator pode ser um civil (ou um grupo de pessoas) que comungue e transmita valores e comportamentos castrenses.

Ressalte-se que não é contemplado pela definição sugerida o preenchimento de cargos civis por militares quando estes são considerados técnicos competentes e, portanto, ocupam determinado cargo em razão de sua especialização (como engenheiros de comunicação, por exemplo), como burocratas bem treinados, e não por um critério corporativista, no qual pesa mais o fato de ser militar do que de ser um especialista (o que não significa que ele deixe de ter atitudes cuja base é a formação recebida na caserna).

Ao longo do trabalho, percebemos que a participação militar pode ser também desse tipo e, portanto, não ter havido um processo de *militarização* da administração pública. A favor disso está a questão da sobrevivência, e até o desenvolvimento, de práticas políticas que têm no critério pessoal o divisor de águas, como as promoções internas às Forças Armadas,[9] ou o clientelismo que continuou tendo vigência na distribuição de canais de radiodifusão.

A combinação das duas idéias aqui colocadas permitiu uma análise mais global da burocracia brasileira ao longo do período estudado. Em resumo, o que procuramos nas próximas páginas é descrever duas áreas da administração pública no período tratado (1963-1990) de forma a compreender como eram as relações intraburocráticas e as Forças Armadas. A partir dessa avaliação, pensamos poder inferir que as mudanças introduzidas pelo regime autoritário foram, no seu impacto sobre a administração, diferentes das medidas dos governos civis. Talvez reforçar isso seja o grande feito do trabalho: há uma avidez por mudanças na administração que atinge todos os governantes assim que tomam posse. Isso acaba por gerar uma descontinuidade de obras e projetos públicos, e uma incapacidade de construção de uma burocracia profissional. Em um quase paradoxo, entretanto, essa burocracia constitui força de resistência às mudanças, acabando por moldar o serviço público segundo a sua imagem.

Essa nossa avaliação descreve, parcialmente, como está organizado o texto. Isto é, procuramos mostrar passo a passo a construção das relações entre civis e militares no interior da burocracia. Assim, no primeiro capítulo, descrevemos como a literatura específica tem trabalhado com o tema para, ao final, registrarmos nossa opção teórica. O segundo é dedicado a avaliar a participação e presença militar no conjunto da administração federal, tomando como base os cargos de primeiro escalão. Somente no terceiro capítulo centramos nossos esforços sobre os casos que queremos estudar. Nesse capítulo descrevemos o significado da área de Comunicações no Brasil e como ela foi montada para, a partir disso, avaliar as políticas públicas adotadas e como se processou a *militarização* do setor. No quarto capítulo, o mesmo é feito para a Educação. No último, compara-

---

9 A ascensão de João Baptista Figueiredo é um exemplo da utilização de expedientes pouco claros. Assim, sua promoção foi caroneada, obrigando, conseqüentemente, que os mais antigos, de acordo com o Almanaque do Exército, passassem à reserva (cf. Bittencourt, 1978).

mos os resultados atingidos nos capítulos anteriores e tentamos generalizar a análise para o conjunto da burocracia federal.

Dado o interesse da pesquisa, entre os quais não está esgotar o assunto, determinados itens foram menos enfatizados que outros. Assim, o peso de cada um foi trabalhado de acordo com as próprias necessidades da análise. Portanto, ao longo do texto, percebe-se que alguns temas são apenas citados, enquanto outros são intensamente manipulados.

Não podemos deixar de registrar as dificuldades encontradas ao longo de nossa pesquisa. No nosso estudo confirmamos o que muitos já observaram: não existe continuidade na produção de dados no Brasil. Na era da informática, tivemos muita dificuldade em conseguir os dados necessários ao teste de nossa hipótese, razão pela qual muitas vezes apenas registramos nossas suspeitas.

Interessante observar que exatamente o setor que deveria se preocupar mais com a história do país foi também no qual obtivemos menos respostas. Tentamos, por diversos meios, ao longo dos quatro anos de nosso doutorado, conseguir as informações a respeito do funcionamento e da ocupação dos cargos do Ministério da Educação, sem sucesso. O que há são dados sobre a estrutura atual. Pior, mesmo o setor encarregado de produzir alguns dos dados que buscávamos não nos respondeu, nem mesmo para informar que não falaria a respeito.

Ao revés, no Ministério das Comunicações, o setor de Imprensa foi bastante prestativo, dando-nos as informações de que necessitávamos ou indicando onde consegui-las. Os dados cuja obtenção foi impossível, segundo os próprios assessores, se perderam em razão do desmonte a que foi submetida a administração pública federal principalmente durante a gestão de Fernando Collor de Mello. Assim, à tradicional desconsideração com a história do país, somou-se o aventureirismo de um jovem presidente, que provocou a falência definitiva do que ainda funcionava no Estado brasileiro.

Por último, mas não menos importante, queremos registrar nossos agradecimentos às diversas pessoas que auxiliaram na consecução deste trabalho, originalmente nossa tese de doutoramento, defendida no Instituto de Filosofia e Ciências Humanas da Universidade Estadual de Campinas (IFCH-Unicamp), em novembro de 1999. Assim, correndo o risco da omissão, mencionamos: Dr. Shiguenoli Miyamoto, mentor e orientador deste trabalho; Eduardo Mei, amigo de todas as horas, a quem agradeço pela leitura atenta e crítica das inúmeras versões produzidas pela pesquisa, pelo apoio "informático" e pelo senso de humor com que tratou meus desacertos; Dr. Héctor Saint-Pierre, amigo e companheiro, implacável quando se trata de traduzir a reflexão intelectual, mas incondicional no afeto; os companheiros de jornada do NEE, Cláudio Silveira, Iara Beleli, Jadison Freitas, Paulo César Manduca, Paulo Kulman e Samuel Soares, que recolheram material, conseguiram e processaram dados sem os quais este trabalho certamente não seria o mesmo; Dr. Eliézer Rizzo de Oliveira, não somente pelo apoio logístico, mas também pelas críticas, sugestões e apreço com que sempre tratou meu trabalho; a Assessoria de Imprensa do Ministério das Comunicações; dona Cleide Ilha, da Divisão de Ação Cultural da Empresa de Correios e Telégrafos; Gilberto Gerzzoni e João Ricardo, assessores da Câmara dos Deputados, pelas informações prestadas; Dra. Ida Lewkowicz, que por inúmeras vezes ajudou na compatibilização entre docência e pesquisa, e muito incentivou para que o trabalho fosse publicado; Chico Lobo, que foi meu comandante na viagem pelas ondas eletromagnéticas, tornando fácil o entendimento da dura Física; Jesus, Lúcia Helena e Lia, por acompanharem meus passos, compartilharem minhas angústias e alegrias, e por garantirem a infra-estrutura doméstica necessária à superação deste e de outros desafios. A todos, meu muito obrigada.

# 1
# FORÇAS ARMADAS E POLÍTICAS PÚBLICAS

Ao longo deste capítulo, discute-se como a ciência política contemporânea trata a relação entre Forças Armadas e políticas governamentais objetivando responder à seguinte indagação: qual a participação do ator fardado na formulação e implementação de políticas governamentais no Brasil entre 1963 e 1990?

O objetivo aqui é compreender os caminhos e a profundidade do debate para o estudo da participação militar na implementação de políticas governamentais no Brasil pós-64. É uma análise sucinta a respeito do tratamento dado ao tema em parte da literatura especializada com vistas a construir o marco teórico que norteará nossas pesquisas.

Trata-se, portanto, de uma apresentação mais interpretativa do que teórica, e que não se esgota nos seus próprios objetivos, mas estende-se para outro universo, aquele relacionado ao estudo de políticas concretas e do peso de atores específicos na sua consecução.

O período enfocado pela pesquisa (1963-1990) justificaria a inclusão na análise da problemática militar no interior do que se convencionou chamar "regimes burocrático-autoritários", mormente quando se sabe que a produção acadêmica a respeito é bastante razoável. Não retomamos aqui a literatura que se debruça tanto sobre a constituição dos regimes autoritários de base militar quanto sobre a participação militar nesses regimes pelos seguintes motivos:

1. os modelos de análise propostos alcançaram um certo consenso em torno das definições propostas por O'Donnell (1990) e Linz (in Pinheiro, 1980); 2. em decorrência, há pouquíssima novidade nessa área; e 3. já tivemos, em outros momentos (Mathias, 1995), oportunidade de avaliar tais modelos e definições, concluindo que as propostas de Linz são suficientes para avaliar a questão. Essas mesmas observações valeriam para a discussão das transições do regime autoritário. Entretanto, nesse caso – talvez por ainda prevalecer entre os estudiosos da política um enfoque dos militares como "fenômeno momentâneo", o que faz deles objeto de análise circunstancial, conforme sistetiza muito bem Agüero (in Diamint, 1999) –, a temática relativa à mudança política operada na América Latina nos últimos tempos ainda não encontrou nem mesmo um léxico comum. Ainda assim, e como também nos debruçamos sobre o tema em mais de uma ocasião, não o retomamos aqui. Ressalte-se que compartilhamos as idéias de Rouquié (in O'Donnell & Shmitter, 1988a), para quem a mudança de governo nem sempre redunda em mudança de regime político, ainda que haja relação estreita entre ambos os processos.

Para apresentar os resultados atingidos, centramos nosso interesse na questão das políticas governamentais, retomando antigas e importantes correntes do pensamento político, como processos de decisão e papel da burocracia. Para facilitar a leitura, dividimos o texto em quatro itens, obedecendo à própria heterogeneidade dos trabalhos analisados, indo dos mais gerais aos particulares; daqueles que tratam do tema mais amplo, o da decisão política, aos que trabalham com metodologia em políticas governamentais; do processo de decisão ao papel de atores no processo político do Brasil. No quinto item, e com base na discussão bibliográfica feita, apresentamos nossa filiação teórica.

Uma observação importante é que, a despeito de o debate sobre a burocracia ser central à análise política, constituindo, junto com as clivagens e consenso, assunto de interesse permanente e fundamental na divisão das ciências sociais (Lipset, 1967), o viés de discussão, seguindo os passos de Weber (1984), é (quase) sempre o papel da burocracia em ambientes democráticos. Quando a conjuntura de dado exige, a burocracia em sistemas políticos autoritários é avaliada como algo secundário, como um mecanismo que não serve mais para organizar o sistema, mas sim que está subordinado às próprias variações do comportamento dos ditadores de plantão. Nesse caso, há uma tendência a deixar de lado os processos de construção de modernos aparatos burocráticos, centrando a atenção sobre a disfuncionalidade da burocracia e sobre a construção de estruturas tecnocráticas (Martins, 1975).

A premissa para a leitura dos trabalhos aqui tomados é que o sistema decisório brasileiro, independentemente do regime político que lhe dá suporte, caracteriza-se pela pouca clareza na separação entre poder real e formal (Mota, 1987), o que explica em parte as muitas reformas implementadas na administração pública – foram seis entre 1930-1974 (Codato, 1997) – e dificulta o trabalho daquele que quer compreender a montagem do sistema político no país. Todavia, isso não implica disfuncionalidade de sua burocracia ou abandono de técnicas de modernização. Pelo contrário, talvez pela própria combinação adotada, e como veremos nos próximos capítulos, o sistema foi bastante funcional no que se refere à sua capacidade decisória e ao desenvolvimento estável.

## Burocracia e decisão política

Aparentemente, o trabalho *Burocracia e ideologia*, de Maurício Tragtenberg (1985), pouco tem a ver com a preocupação aqui esboçada. Todavia, ele nos auxilia ao historiar o fenômeno burocrático, entendido como administração que se realiza plenamente no Estado. Ele mostra, por um lado, como a burocracia é necessária à organização do Estado e, por outro, como a preocupação em controlar sua expansão é tão antiga quanto o próprio fenômeno. Além disso, ao revisitar diferentes teorias sobre a administração – fazendo-o com o pressuposto de que estas são ideologias –, revela a importância dada aos diferentes aspectos de decisão do Estado, isto é, ora a burocracia aparece como mediação entre governantes e governados

(Hegel) – e, nesse caso, podemos inferir que ela assume o papel que cabe a outras organizações sociais –, ora como estrutura de decisão que responde ao *como* e não ao *porquê* das ações. A partir das teorias administrativas de Taylor e Fayol, Tragtenberg (1985, p.94) mostra como, "em situações de impasse, a direção política da sociedade passa às mãos da burocracia...", tomando para si funções que seriam de todo o sistema político.

A despeito de a referência histórica de Tragtenberg ser a República de Weimar, sua análise permite visualizar o processo brasileiro pós-64 como um sistema de autonomia burocrática, pois a centralização dos poderes do Estado no Executivo é um dos seus principais sintomas que, com isso, passa a tutelar a política e a sociedade. Isso dá uma pista para compreender não só o sistema de decisões do Estado brasileiro, como também o papel dos militares dentro deste, pois, conforme informa Tragtenberg, a burocracia nasce a partir da disciplina e do planejamento militares. Assim, as ações burocráticas podem ser encaradas como ações referentes à aplicação da autonomia militar ao Estado. Em outras palavras, a burocracia é uma organização disciplinada e disciplinadora que planeja suas ações com vistas a fins específicos, buscando sempre definir seus objetivos sem interferência externa, exercitando seu desejo de autonomia.[1] O trabalho em questão, todavia, não esclarece como se dá a relação entre os subsistemas administrativo e decisório do Estado; como são divididas e processadas as atividades que são próprias do governo com aquelas do Estado.

Essa relação fica mais clara no trabalho de Lindblom (1981), cujo objetivo é muito mais próximo das nossas preocupações, ou seja, ele busca elucidar o processo de decisão política. Como um sistêmico, ele começa por afirmar que o processo de decisão deve ser entendido como um subsistema do sistema político, e é a partir do

---

1 Conforme mostrou Weber (1980, p.1-85), há uma tendência do corpo burocrático a autopromover seus interesses, apontando para sua estruturação na forma de castas. A autonomia diz justamente respeito a esse fenômeno, de procurar fazer valer seus interesses "de casta" na condução da coisa pública.

estudo deste último que se esclarece o primeiro. Com essa análise, ele acaba por responder à lacuna deixada por Tragtenberg – sem, evidentemente, que isso seja seu objetivo –, na medida em que apresenta como se dá a relação entre autoridade e influência, e a mediação entre grupos sociais e Estado. A burocracia é, de fato, a mediadora de tais relações, mas não é neutra (nisso reforçando a idéia de Tragtenberg), pois é produto da influência daqueles que participam do jogo de poder, jogo este formalizado pelo sistema político. A administração é parte da burocracia, mas nela não há jogo de influências, pois sua ação resume-se à aplicação de normas.

A conclusão a que chega Lindblom, entretanto, é desalentadora: ele opta por explicar tais relações a partir da teoria das elites, fundando a influência desta principalmente no fator econômico, e não apontando nenhuma saída para a massa, cujo controle sobre a formulação de decisões é, segundo o autor, "frouxo no que se refere aos temas secundários, circular no concernente aos primários. Nos dois, é bem fraco" (1981, p. 109). Também não elucida como o jogo de influências é processado no interior da burocracia, principalmente quando o ambiente (sistema político) é autoritário.

Partindo do mesmo quadro de definições de Lindblom, mas apresentando um trabalho muito mais elaborado, Luciano Martins (1976), estudando o processo de "modernização conservadora" no Brasil, busca compreender os recursos disponíveis, numa situação histórica dada, que dão acesso às decisões, mostrando uma nova abordagem para o entendimento do processo de decisão e de poder. É uma nova forma de abordar o problema, porque, como ele mesmo avalia, ainda que haja um crescente número de análises referentes ao estudo dos processos de decisão (*decision-making*), essas não representam divergências teóricas de fôlego, mas sim metodológicas, o que ele resume em três abordagens principais:

> A primeira pretende, por intermédio do estudo das decisões, abordar o problema do poder em geral, em termos restrito da "comunidade" (Dahl, Polsby, D'Antonio, Form). A segunda é representada pela análise sistêmica (Easton). A terceira, finalmente, traduz-se pela análise de tipo lógico-formal (Deutch, Schelling)... (ibidem, p.155)

Diferentemente de Lindblom, Martins não se limita a recompor o quadro das decisões nucleado pela elite dirigente e circundada por grupos de interesse ou pressão. Ele busca, ao contrário, mostrar como há diferentes tipos de conflitos e diferentes atores envolvidos no sistema de tomada de decisão (ou melhor, no longo processo de transformação de um interesse em reivindicação e desta em intenções trabalhadas e legitimadas até chegar a constituir uma decisão), considerando, também, que o sistema de decisões possui autonomia para produzir respostas diferentes das reivindicadas.

Para o caso brasileiro, Martins conclui que a elite é limitada em sua ação política por decisões tomadas externamente (a partir do segundo governo Vargas), e é isso que define sua dependência, e ainda pela mobilização popular, que dá legitimidade à sua ação, traduzindo-se na sua dominação, exercida seja por meio da cooptação seja por meio da repressão. É no interior desse sistema que se processou a modernização conservadora do Brasil, que, se, por um lado, integrou novos atores (tecnocratas, militares), por outro, não logrou construir um sistema político menos autoritário e que suportasse os inevitáveis conflitos na tomada de decisão. Está nessa incapacidade do sistema político de suportar os conflitos inerentes ao processo de decisão a sua instabilidade permanente. Essa situação gera um modelo retroalimentador que redunda na permanência de um sistema de instabilidade-repressão-centralização.

Se Luciano Martins supera alguns problemas presentes em textos mais gerais, como o de Lindblom, continua a padecer dos problemas inerentes à abordagem adotada (teoria das elites por meio de seu subproduto, a teoria dos grupos). Com efeito, Martins reafirma a baixa operacionalidade da abordagem adotada, daí a necessidade que se lhe impõe de analisar o processo de tomada de decisões a partir do estudo de casos – feito, é verdade, com refinamento e abrangência, mas ainda assim, e como ele mesmo admite, restritivo.

Procurando oferecer um modelo de análise do processo de decisão baseado no materialismo histórico, temos o trabalho de Göran Therborn (1982). Esse autor pretende mostrar como as diferenças no modo de encarar/definir o poder político não são meras questões

A MILITARIZAÇÃO DA BUROCRACIA 37

metodológicas, mas sim produto dos diferentes sistemas socioeconômicos, e mostrar ainda como isso influencia no resultado esperado. Para demonstrar sua teoria, o autor constrói um modelo que procura explicar como acontecem as relações entre os diferentes sistemas socioeconômicos (feudalismo, capitalismo, socialismo), o Estado e as classes em seu interior.

Assim, o modelo permite mostrar *como* o Estado funciona como aparelho das classes sociais. Ter poder, nesse sentido, é atuar de maneira tal que o processo de reprodução se realize potenciando o próprio poder da classe dominante. Assim, é possível avaliar qual o sentido das intervenções do Estado num dado momento e quais as conseqüências para uma dada estruturação de classe. Nas palavras de Therborn (1982, p.171-2):

> De que maneira incide ou intervém o Estado nos processos de reprodução e mudança social? A resposta deve ser buscada *no que* se faz (e, em alguns momentos, *não* se faz) através do Estado e em *como* se faz através do Estado... O primeiro aspecto refere-se ao poder do Estado e o segundo à estrutura do aparato do Estado. Quando afirmamos que uma classe tem o poder, o que queremos dizer é que o que se faz através do Estado incide de maneira positiva sobre a (re)produção do modo de produção de que a classe em questão é a portadora dominante... Tomar e ter poder do Estado significa determinar um modo particular de intervenção do organismo especial investido com estas funções.

O papel da burocracia estatal e da administração pública é mediar as relações econômica e social das classes, e, assim, jamais podem ser autônomas dessas classes. As políticas adotadas (*policies*)[2] e as decisões são mecanismos de comportamento das classes na reprodução/transformação social.

O grande problema do modelo construído por Therborn é que ele, por um lado, acaba por cair na armadilha do discurso estrutural, reforçando a idéia de que tudo depende de mudanças mais profun-

---

2 O temo política, como tradução de *policy*, é entendido como a conjunção de plano de política governamental, processo de escolha entre planos, projeto político adotado e política pública.

das; e, por outro, ele perde em especificidade, apesar de explicitamente colocar-se contra isso, ao avaliar cada Estado como representação de um sistema econômico. Além de não concordarmos que a diferença vai além dos traços metodológicos (indo ao encontro, portanto, das assertivas de Martins).

## Processos de decisão e políticas públicas[3]

Conforme já explicitado no início, falar em políticas públicas envolve tocar no processo de decisão do governo – como este acontece, quais setores são encarados como prioritários, quais grupos são privilegiados. Envolve, igualmente, debater sobre os caminhos da sociedade hoje – Estado mínimo ou mercado mínimo, sem esquecer o papel da sociedade civil.

O interesse e o espaço disponível aqui não permitem dar conta desse assunto. Ainda assim, como a bibliografia que elucida o tema aqui trabalhado aponta, optamos por apresentar as linhas gerais dessa discussão, ressaltando aquilo que mais de perto auxilia no tratamento de como os militares participam no processo de decisão governamental no Brasil pós-64.

O desenvolvimento das várias disciplinas das ciências sociais, em geral, e da ciência política, em particular, está relacionado em grande medida com a crise e até mesmo com a falência das políticas fundamentadas no *Welfare State*, seja na sua vertente européia seja na norte-americana. É assim que se introduzem novas técnicas e abordagens na análise dos processos de decisão e papel do Estado. A teoria dos jogos, o novo institucionalismo, as metodologias desenvolvidas pela Escola de Chicago ou da Virgínia são exemplos nessa direção.

---

3 Apesar de "políticas públicas" parecer uma redundância (política, como o derivado de *polis*, sempre é algo público, que se dá na praça), ainda entendemos ser melhor do que adotar o seu equivalente em inglês, que muitas vezes agrega ao substantivo *policy* o adjetivo *public*, repetindo a redundância da língua portuguesa que, no entanto, nesse caso, é necessária porque não existe um cognato adequado.

No Brasil, onde não se conheceu o desenvolvimento do *Welfare State*, não se tem ainda nem mesmo um léxico permanente que permita incorporar as críticas metodológicas mais recentes no que se refere à tomada de decisão e ao papel do Estado nessa questão. É por isso que a utilização de termos como *public choice* ou *policy makers* continua a fazer parte das análises sobre políticas públicas, não encontrando equivalente na língua nacional (Draibe, 1988). Isso não significa que não exista produção na área. Pelo contrário, ela é vasta e complexa. Porém, como pode ser notado em qualquer texto sobre o assunto, existe a necessidade de uma reflexão constante sobre temas que até há pouquíssimo tempo eram considerados resolvidos. Assim, tomando o já citado trabalho de Lindblom (1981), vê-se que, a partir da necessidade de se entender o processo de decisão política, é necessário repensar o significado que assumem nas modernas sociedades termos como autoridade, governo e atividade política.

Como, entretanto, pensar a decisão política sem levar em conta uma estrutura racional de escolhas que se pautam pela busca da vantagem individual? Esta é a principal questão dos teóricos da organização e dos grupos (elites ou de pressão) que questionam as velhas ferramentas com as quais os decisores (*decision makers*) trabalham. A teoria dos jogos e a da escolha racional são exemplos desse tipo de análise.

Centrando a atenção nos trabalhos cujo objetivo é oferecer um quadro de referência para o estudo do *Welfare State* – seu surgimento, desenvolvimento e declínio –, vê-se que estes buscam compreender todo o sistema político contemporâneo a partir do entendimento das políticas adotadas por determinado governo. Apresentamos em seguida um pequeno resumo sobre essas abordagens que, de certa maneira, dão conta não apenas dos trabalhos já citados aqui, mas percorrem a temática da decisão pública tanto em seu relacionamento com a sociedade civil quanto com o Estado.

Pode-se dizer que há duas grandes interpretações sobre políticas públicas, aqui apresentadas a partir da divisão do universo dessas políticas em dois grandes grupos, segundo a ênfase dada às demandas e aos investimentos (*inputs*) ou aos resultados (*outputs*) do sistema decisório. A primeira, chamada *internalista*, parte da premissa de que são as características e relações internas ao próprio aparato burocrático governamental que explicam o que são, como são e quais os resultados das políticas públicas (Oliveira, 1982). As teorias internalistas dividem-se em quatro grupos:

1 Incrementalistas: as novas políticas são resultantes das já implementadas, variando positivamente em torno de 10%;

2 Racionalistas: política eficiente é a que maximiza a relação custo/benefício;

3 Interação simbólica: teoria dos papéis como ponto de partida, a ação é impulsionada pelos símbolos;

4 Instrumentalismo: instituições governamentais como *inputs* no processo decisório.

Num segundo grupo, nomeado interpretação de tipo *externalista*, a ênfase para explicar a adoção e funcionamento das políticas públicas é dada aos fatores situados na estrutura social, ao meio ambiente de atuação governamental. Também nesse caso, pode-se dividir o externalismo em quatro grupos:

1 Sistêmica: a política pública é o principal *output* do sistema político;

2 Ecológica: as políticas públicas são entendidas como multidimensionais e reconversíveis;

3 Teoria das elites: as políticas públicas resultam de decisões e avaliações das elites governamentais;

4 Teoria dos grupos: políticas públicas como resultantes do jogo entre diferentes grupos de interesse.

Um terceiro grupo, não incorporado nas interpretações citadas, envolve um conjunto de trabalhos que busca abarcar tanto as relações internas quanto as externas ao processo de decisão, procurando tomar cada uma das esferas como interdependentes, de tal forma que estas constituam um sistema.[4] Por serem interpretações que

---

4 Embora constitua um sistema, essa abordagem não deve ser confundida com a análise sistêmica, já mencionada e que faz parte das interpretações de tipo externalistas.

partem da combinação entre investimentos e resultados, podemos chamá-las, ainda que provisoriamente, de *globalistas*.

As principais interpretações de tipo *globalista* são exemplificadas pelo *novo institucionalismo*. Como é sabido, o novo institucionalismo é um modelo teórico-metodológico que tem como premissas as contribuições desenvolvidas por Karl Marx e por Max Weber, entendendo que ambos, apesar das divergências, têm pontos de contato que permitem a construção da avaliação de comportamentos no interior da arena pública. Seu objetivo é avaliar como se processam as relações entre as normas (entendidas em sentido amplo, não somente jurídico) e como estas afetam comportamentos e decisões individuais; e, a partir daí, qual o impacto das escolhas individuais sobre as decisões coletivas e no desenvolvimento de novas instituições. Em tais interpretações, o Estado funciona como variável central, e, a partir de sua análise, destacam-se as particularidades como mecanismo de explicação para a constituição do modelo de decisão política.

Dentro das abordagens *globalistas*, destacamos a contribuição agrupada em *Bringing the State Back in* (Evan et al., 1985). Nessa reunião de artigos, os autores compartilham o objetivo – analisar a aquisição e o desenvolvimento da capacidade de ação pelo Estado e como essa capacidade é afetada pelas relações transacionais – e a visão de que grandes teorizações são incompatíveis com a análise comparada, propondo que a investigação tome como referência central o Estado, entendendo-o ao mesmo tempo como ator social – o que permite avaliar sua autonomia, porque pode-se adotar a escolha racional individual na análise – e como instituição – ressaltando, nesse caso, o contexto normativo, a morfologia das políticas públicas e as formas de ação dos grupos no seu interior.

Para os objetivos do trabalho, o que mais interessa nessa abordagem são as variações na "capacidade do Estado" (como poder intervir legalmente no tabelamento de juros), analisadas histórica e estruturalmente. Tem-se aí a chave para compreender o grau de autonomia do próprio Estado, as influências dos diferentes grupos sobre o aparato de decisões, enfim, o desenvolvimento do sistema político de uma nação. Em outras palavras, o método adotado aponta que a análise da interação entre as partes do aparato estatal permite a compreensão de um Estado em particular, e a presença ou ausência de dadas capacidades do Estado permite a comparação entre diferentes Estados.

Também adotando o Estado como central para a análise, Boschi & Diniz (1978) desenvolvem uma abordagem que, segundo eles, supera o formalismo da teoria dos sistemas e permite visualizar os fatores processuais envolvidos na tomada de decisão. Assim, as relações entre Estado e sociedade civil são pensadas de forma não-dicotômica, abrindo caminho para entender os aspectos relativos à fragmentação da burocracia e das diferentes possibilidades de articulação entre os níveis privados e públicos envolvidos no sistema de decisão.

Aplicando esse modelo ao caso brasileiro, e conforme já indicamos páginas atrás, os autores mostram como as análises correntes da burocracia tendem a tomar o sistema de decisões como desvios da racionalidade esperada – aquela encontrada nos países desenvolvidos – e não como resultado da própria natureza do sistema político. Em outros termos, no caso do Brasil, há a convivência de mecanismos centralizadores e descentralizadores na tomada de decisões, porém isso não traduz uma irracionalidade do sistema, pois cada mecanismo prevalece em momentos e esferas distintos do processo de decisão. Todavia, a convivência da descentralização-centralização no processo decisório conduz à natureza fechada do sistema e indica por que momentos de paralisia decisória e fechamento autoritário são constantes na história brasileira.

Essa abordagem é complementada, sem que este seja o objetivo de seu autor, pela análise organizacional oferecida por Abranches (1997): por meio da diferenciação entre níveis de análise do comportamento geral da administração pública, ele apresenta como a ação do grupo é mais importante do que cada ator (inclusive o governo) individualmente, não transferindo, pois, para a análise do sistema brasileiro as teorias gerais que sublinham a homogeneidade em detrimento das particularidades do sistema em apreço, o que conduz a respostas de tipo disfuncional para o caso brasileiro. Nas palavras de Abranches (1997, p.15):

> Pensar dessa forma implica ver o sistema administrativo público brasileiro, como um todo relativamente homogêneo e fortemente integrado, quando, na realidade, ele sofre de uma heterogeneidade estrutural crônica e apresenta estruturas com baixo grau de integração.

Em contrapartida,

> É a dinâmica social da organização e não seus aspectos formais que a definem e lhe dão substância: um mundo paralelo no interior da burocracia do qual se depende para saber se seus aspectos formalizados serão mantidos em ativação, ou substituídos por práticas consensuais e consentidas, cuja origem está nos grupos e não na estrutura formal de decisões. (ibidem, p.18)

É provável que a crítica que dirigimos ao trabalho de Martins também se aplique aos textos do que chamamos abordagem *globalista*. Isso porque todas elas compartilham um limite na abrangência dos casos considerados, ou então perde-se a própria visualização das especificidades históricas que os autores querem destacar. Ou seja, filiando-se a esse tipo de abordagem, a análise é necessariamente conduzida para estudos de caso que correm, no limite, o risco de serem tomados como únicos e, portanto, não permitirem a avaliação do desenvolvimento do próprio sistema que eles querem explicar.

## Sistema político e decisão no Brasil

Um terceiro conjunto de trabalhos tem a preocupação de visualizar o poder real existente no Brasil, em contraposição ao poder formal, dado pelas estruturas jurídicas existentes. Para tais interpretações, independentemente de como se dá o processo decisório nos seus aspectos formais, é preciso analisar de que maneira a ação estatal atinge a sociedade civil ou parcelas dela; mais ainda, pensar todo o processo de decisão, incluindo seus resultados.

É a partir da construção de modelos cujas variáveis englobam as relações de classe, ou setores dessa, no interior da administração pública, que essas análises são feitas. Esse é o sentido do trabalho de Phillippe Schmitter, *Interest Conflict and Political Change in Brazil* (1971), que busca atingir dois objetivos. O primeiro, analisar a relação existente entre desenvolvimento econômico e desenvolvimento político no Brasil pós-30 (até 1965); o segundo, avaliar qual o papel de associações (grupos de interesse) no processo de decisão no Brasil. A premissa é que "padrões passados de interação [de agentes e instituições] influenciarão o curso do desenvolvimento futuro" (p.3). Uma sociedade será considerada desenvolvida quando a mudança tornar-se norma do sistema, daí a relevância dada à cultura política: é por meio do que o autor chama de *political enculturation* que se pode avaliar o padrão de desenvolvimento de uma sociedade.[5] A *political enculturation*, por sua vez, é um padrão resultante da emergência e organização dos movimentos e associações de representação avaliada em quatro dimensões: cobertura (extensão e diferenciação de grupos sociais), especificidade funcional (grau de restrição das atividades associativas), densidade (grau de participação efetiva dos membros em cada associação) e pluralidade (extensão de representação de cada grupo social em diferentes associações).

Com base nesse quadro, Schmitter avalia o processo de desenvolvimento político no Brasil pós-Segunda Guerra Mundial, mostrando que, no caso brasileiro, diferentemente do padrão norte-americano, as iniciativas políticas não são produto de grupos de interesse mais ou menos gerais, organizados por meio de agentes de representação (partidos e Parlamento), mas sim do papel exercido no interior do Poder Executivo pelos diversos grupos específicos (os políticos, os administradores econômicos, os intelectuais e os militares).

---

5 A despeito de não ter a preocupação de analisar o processo de decisão de políticas no interior do Estado, a análise de Huntington (1975) tem o mesmo sentido da apresentada por Schmitter; a diferença é que o primeiro está preocupado com a *disfuncionalidade* dos sistemas, avaliando que é o grau de politização das instituições sociais que explica a disfuncionalidade.

Essa maneira peculiar de organizar o processo de decisão resulta em levar para o interior do Estado a competição, o que em outros sistemas políticos acontece no espaço de interação entre os grupos de interesses e de representação.

Na avaliação de Schmitter, o sistema brasileiro é bastante particular, cabendo-lhe a definição de Linz (in Stepan, 1975), desde que ressaltada a idéia de autonomia relativa do aparato de Estado e de circularidade em seu desenvolvimento, isto é, de alternância entre "democradura" e "dictablanda", exatamente porque as características de *political enculturation* levam sempre para dentro do sistema estatal os impasses que poderiam ser resolvidos pela interação entre os grupos de interesse.

Nessa mesma direção, mas com estudos de caso que exemplificam os pressupostos teóricos, caminha a análise de Luciano Martins tanto no trabalho já parcialmente comentado quanto no seu estudo posterior (1991). A diferença básica entre ambos está na ênfase emprestada aos atores. No primeiro, recai sobre as agências onde se processam as decisões, e no segundo, sobre os decisores (*decision makers*) públicos e privados.

Do primeiro estudo, interessa destacar que, pela noção de Estado corporativo, Martins mostra como este funcionou como uma estratégia governamental de incorporação de setores ao Estado (restrito às elites econômicas ou políticas), pela criação de Conselhos e órgãos intermediários que passaram a ter grande poder na definição de políticas a partir do fim do Estado Novo, e que chegariam ao ápice no pós-64. Assim, não são os agentes sociais que constroem o aparato de decisão a partir da organização de suas demandas, mas o próprio Estado. Nas palavras de Martins (1976, p.27), "o Estado aparece no Brasil sob um triplo aspecto: ele é aparelho de dominação, é o campo privado das elites e o árbitro dos conflitos entre elas...". É assim que os estudos de caso apresentados descrevem o sistema de decisões do Estado brasileiro e de como se desenvolve o sistema político ao longo do período republicano (até 1964).

Essa análise do sistema político é continuada no livro *Estado capitalista e burocracia no Brasil pós-64* (1991), em que se avaliam outros casos (agências). Aqui, Martins praticamente retoma as conclusões do trabalho já citado de Boschi & Diniz (1978). A tese do autor é que duas forças agem no interior do Estado e acompanham sua expansão: centrípetas, representadas pela concentração de recursos financeiros e jurídicos no governo federal (principalmente no Ministério da Fazenda), e centrífugas, representadas pela proliferação de agências independentes nas decisões de alocação e aplicação daqueles recursos:

> O que parece significativo, no caso brasileiro, entretanto, é que essa tendência para a "independentização" de agências e autonomia relativa dos atores, a partir de lógicas particulares e específicas a cada qual, parece inscrever-se no próprio modo de expansão do Estado. (Martins, 1991, p.43)

A expansão do Estado, representada pela proliferação de agências e empresas "estatais", altamente acelerada no pós-64, abriga no seu interior a articulação e a agregação de interesses das forças já incorporadas (processo analisado no trabalho de 1976). Essa ação do Estado tende, ao mesmo tempo, a ser funcional ao sistema e também a segmentá-lo e desorganizá-lo internamente.

Um terceiro nível da análise apontou para a ação paternalista e tutelar do Estado sobre o setor econômico, ação essa realizada pelas agências. Isso tudo resulta na expansão cada vez maior do Estado e na ação cada vez mais penetrante de suas agências, aumentando o custo social das políticas adotadas. O problema, todavia, só se resolverá pelo aumento da capacidade de controle da sociedade sobre esse sistema, e não, como se tem visto, pela expansão do autoritarismo, pois, neste caso, a entropia é aumentada, impedindo qualquer ação planejada.

A resposta, portanto, é a mesma da apresentada pelo estudo anterior, ou seja, não há, no desenvolvimento da burocracia, solução que leve ao "arejamento" do sistema. Pelo contrário, como avalia Martins, a introdução na burocracia brasileira "do instrumento administrativo moderno por excelência", que é a empresa, não gerou maior capacidade de controle por parte do Estado sobre suas agências, e sim criou uma espécie de "feudalização" da burocracia, gerando maior entropia e aumentando os custos do sistema. É, pois, pela mudança mesma do sistema que se podem resolver as questões do desenvolvimento com menor custo.

Um estudo bastante completo da administração pública brasileira é feito por Daland (1981). Para esse autor, a burocracia é a estrutura mais importante, forte, estável, contínua e complexa existente no Brasil. Ela subordina os poderes, os políticos e os atores. Mesmo regimes de força, como o inaugurado em 1964, não abalam sua estabilidade.

As mudanças promovidas pela reforma administrativa (Decreto-Lei 200/67), que dão um novo estatuto para cada órgão da administração direta e indireta, não são suficientes para descrever o poder real concentrado em cada ministério ou empresa – nem mesmo a hierarquia se organiza como estabelece a Lei –, e, por outro lado, as mudanças não foram suficientes para transformar a forma de relacionamento intraburocrática. Daí porque no interior da burocracia nacional o poder real gira em torno da Presidência da República e é exercido principalmente pelos setores militares, como o Conselho de Segurança Nacional ou a Comissão Especial de Fronteiras.

Centrando sua atenção nas diversas Comissões e Grupos de Trabalho, Daland mostra como o relacionamento entre o centro de poder (Presidência da República e órgãos de sua assessoria direta) e a periferia (os responsáveis na administração direta e indireta pela implementação das políticas) é intermediado por esses grupos, e como é por meio deles que o presidente faz que suas orientações sejam seguidas. É isso o que torna, de fato, eficiente a burocracia do país.

Em contrapartida, no Brasil, há a combinação de quatro elementos que regem a administração pública e apontam para a disfuncionalidade do sistema (burocracia patológica): 1. o processualismo (toda demanda deve seguir um ritual obrigatório e longo), 2. o afunilamento das decisões para o nível mais alto da hierarquia (toda decisão deve ser tomada pelo chefe), 3. afastamento horizontal (falta de estabelecimento de papéis para os funcionários), e 4. afastamento vertical (duplicação das funções entre as agências). A combinação desses quatro elementos leva à resistência à mudança (rigidez) e ao aumento da corrupção interna.

Como não é objetivo do autor discutir como "curar" tais patologias, mas apenas descrever a burocracia brasileira, sua análise termina nesse ponto, apenas acrescentando que o conceito de integração nacional, crucial ao pensamento dos governos militares, parecia ser um caminho, se adotado como plano geral de ação estatal, para a mudança na burocracia, tornando-a mais eficiente pela superação dos obstáculos apontados.

Percorrendo um outro caminho, Celso Lafer (1975) faz uma interessante análise da relação entre administração pública e sistema político, calcada em variáveis jurídicas e políticas.[6] Ainda que suas conclusões apontem para aspectos estruturais como o fundamento da característica de autonomia do Estado ante a sociedade, suas definições são importantes por preencher lacunas que encontramos em outros trabalhos, como no de Maurício Tragtenberg. Ele separa a arena administrativa da arena política (*policy*) e dá uma definição bastante concisa da primeira. Para Lafer, a administração é sempre execução de rotinas, em que não entram escolhas, daí ser importante a precisão com que são dadas as ordens, muito mais do que os critérios que norteiam as decisões. Já a política (*policy*) é entendida como "programa de ação", ou seja, como plataforma formulada a partir de escolhas e decisões, em que estão em jogo critérios e riscos diferenciados. Na administração, o importante é a seqüência de normas; na *policy*, o importante é a atuação do agente. Para testar suas hipóteses, Lafer analisa o sistema político estabelecido no Brasil pós-1945, procurando mostrar como a administração se relaciona com a política de ação. Tendo como base essá análise, Lafer conclui que a auto-

---

6 Na verdade, a teoria proposta por Lafer, utilizando um outro léxico, nada mais faz do que recolocar a teoria weberiana da burocracia. Recordemos que na tipologia de Weber (1984, p.695 ss.), a decisão sobre os caminhos a seguir é obra da política (do Parlamento), enquanto à burocracia [ao seu tipo puro] cabe a execução de rotinas, de decisões tomadas pelos políticos.

nomia do Estado ante a sociedade é parte estrutural do sistema político nacional.

O trabalho de Lafer nos auxilia ao mostrar que as posições dos agentes são diferentes, dependendo do local a partir do qual se coloca em prática uma decisão. Isso implica avaliar os atores a partir da sua origem no interior do Estado, e, por conseguinte, a influência de cada um dos decisores é relativizada quando compreendida a partir da análise das estruturas de decisão de um dado sistema político.

## Processo de decisão e participação militar

Deixamos para este último item os textos cuja preocupação central, se não exclusiva, é analisar o papel que assumem as Forças Armadas no processo político brasileiro; alguns dando pistas sobre a participação desses atores no sistema de decisão, elucidando as características do poder dos militares perante outros atores e grupos de interesse. Da mesma forma que os trabalhos reunidos no item anterior, não temos aqui um núcleo teórico-metodológico comum, embora muitas das conclusões sejam semelhantes.

Alexandre Barros (1977) procura mostrar como a formação das elites é importante para a construção do Estado nacional. Para além das limitações da teoria das elites, o autor sustenta que nenhuma organização estatal prescinde de elites, que exercem papel fundamental na construção do sistema político ou na própria formação do Estado nacional. Além disso, em Estados de formação intermediária – que nem seguem o chamado padrão liberal (Inglaterra) e nem o autocrático (Prússia) –, como é o caso do Brasil, os militares constituem parte essencial da elite, diferindo da elite civil por uma série de atributos, o que imprime ao Estado novas características. A partir dessas definições, Barros busca explicar a alternância entre sístoles e diástoles no regime brasileiro, e o faz a partir da análise da formação do Estado nacional. Para ele, nenhum Estado é completo, mas vai se tornando mais complexo a partir de respostas positivas a onze tarefas básicas: 1. soberania territorial; 2. estabelecimento das fronteiras; 3. transferências de lealdades para o Estado; 4. laicização da sociedade; 5. estabelecimento de corpo de funcionários; 6. criação de Forças Armadas; 7. controle sobre o sistema educacional; 8. estabelecimento de relações com grupos que precedem a formação do Estado; 9. publicidade dos atos estatais com redução da coerção; 10. racionalização da instituição estatal; e 11. proteção e defesa do território. Diante dessas características, a formação do Estado é um processo permanente e no qual as elites exercem o papel de ligadura das peças.

No caso brasileiro, em particular, Barros mostra que há uma permanente desorganização das elites, em razão, principalmente, do descontrole estatal sobre o sistema educacional, situação esta agravada com a massificação do ensino pós-64, o que redundou na inexistência de um sistema de recrutamento de elites para o serviço público. As exceções foram a diplomacia e as Forças Armadas que mantiveram sistemas educacionais que permitem a formação homogênea de seus quadros. É esse qualificativo que diferencia militares e civis, garantindo maior poder aos primeiros com relação aos objetivos que buscam alcançar no interior do Estado. Processo semelhante, ainda que em grau menor, foi realizado pela tecnocracia que, embora não contasse com um sistema de ensino particular, viveu um processo de socialização semelhante (participação de seus membros em organismos governamentais), mas sua atuação, por ser ela constituída de diversos grupos homogêneos, sempre se subordinou às demandas militares. Isso também explica a desconfiança dos militares em relação aos civis e a permanência de períodos de fechamento do regime. O resultado, segundo Barros, é ou a impossibilidade de continuar o processo de construção do Estado nacional ou a reversão do processo realizado. Assim, a permanência dos militares em centros de poder é uma forma de retardar essas conseqüências.

Em outro texto, no qual estuda especificamente a elite fardada, Barros (1981) chega a conclusão semelhante, isto é, que a construção do aparato estatal no Brasil "depende" dos militares. Os motivos para isso, além de a formação da elite civil ser falha, é que a origem da Força Armada brasileira é burocrática – são socializados para o exercício burocrático mais que para o bélico –, aumentando sua capacidade de elaborar projetos para o país. É por isso que, em períodos de crise do sistema político, há um aumento da presença militar na administração pública. Esse é um modo de o próprio sistema autopreservar-se, procurando voltar à estabilidade.

Le Brésil des militaires, de Philippe Faucher (1981), é um trabalho imprescindível se queremos pensar as relações entre militares e sistema de decisão de políticas públicas. Depois de passar em revista diferentes teorias que buscam analisar o processo de modernização no Brasil, o autor centra-se no papel exercido pelos militares na tomada de decisões públicas, mas com um objetivo maior: compreender a relação entre sistema de decisão e crescimento econômico. Ele mostra que a lógica da acumulação e a da repressão não são complementares, mas que esta última responde à autonomia que ganha o aparelho militar do Estado perante os outros grupos, inclusive aquele que detém o monopólio da decisão econômica. A repressão não é necessária à acumulação – o que não implica que não seja funcional –, mas é exercida quando os militares entendem que deve sê-lo, respondendo, portanto, à autonomia destes.

A análise de Faucher não se restringe a esse aspecto. Ele mostra que a influência militar pós-64 sobre as decisões não se resume a ser aparelho repressivo. Por meio do Conselho de Segurança Nacional e do EMFA, os militares agiam como observadores das decisões, de forma a manter o modelo de desenvolvimento, e também pelo exercício de poder de veto em setores por eles considerados estratégicos. Isso significa que o importante são menos as decisões em si e mais a autonomia que detêm os militares perante outros atores do processo. A chave, então, para entender tanto o regime quanto o sistema está nessa autonomia. Faucher, entretanto, não sugere como analisar as relações entre decisões e regime a partir da autonomia militar, e muito menos como superá-la. Ele conclui dizendo que a solução para as crises constantes do sistema está na redistribuição interna do poder, o que inclui o setor militar.

Na mesma direção de Faucher caminha o trabalho de Dantas Mota (1987), a ponto de podermos considerá-lo uma síntese e uma continuação daquele. Mota procura desvendar o real poder dos militares, reforçando a idéia de que esses atores tinham muito mais capacidade de veto do que um projeto de desenvolvimento nacional, daí a composição com a tecnocracia.[7] Ele reforça a tese de que o poder militar é estrutural ao sistema político brasileiro, mas não no grau em que é exercido. A resposta para reduzir ou eliminar o grau de tutela dos militares sobre as decisões estaria, assim, na reforma do próprio sistema.

Filiando-se explicitamente aos sistêmicos, Benevides (1976) apresenta um interessante estudo sobre a estabilidade política construindo um modelo no qual a política militar constitui uma das variáveis. Em sua discussão a respeito de como se construiu a estabilidade no governo Kubitschek, a autora mostra como no Brasil, para a manutenção do próprio sistema político, é necessária a convergência de pelo menos dois fatores: a divisão interna das Forças Armadas (ou sua não-união em torno de um projeto comum) e o apoio parlamentar às políticas governamentais. Sem essa convergência, a estabilidade do sistema, mormente em regimes democráticos, tende para a disfuncionalidade.

Dos trabalhos sobre a temática da participação militar na administração do Estado, os mais específicos aqui considerados são os de Góes (1979) e Góes & Camargo (1984). Góes tenta quantificar o poder militar, mostrando como pouca coisa muda nos setores burocráticos com as passagens de governo (seu exemplo é a sucessão

---

7 A maioria dos trabalhos avaliados e não incluídos aqui caminha nessa direção, isto é, partindo de diferentes pontos, mostra que a participação militar no processo de decisão governamental, excetuando-se os setores considerados de segurança nacional, acontece muito menos por iniciativa de setores da caserna e muito mais por veto militar. O modelo proposto por Lafer, aqui sumariado, fornece, então, a chave para compreender a relação entre militarização do sistema político e influência militar sobre as decisões governamentais. Assim, podemos dizer que os militares ocupavam-se de questões políticas e não da tomada de decisões rotineiras ou das políticas governamentais ordinárias (administração). Um estudo de caso que analisa esse processo é o de Codato (1997).

Geisel-Figueiredo). A partir dessa constatação, o autor infere que os militares detinham muito mais poder do que poderia parecer. Ele mostra também que a área econômica é a que sofre menos com a participação direta de militares na estrutura de seus órgãos. Isso poderia indicar, talvez, que a administração pública é um espaço de composição entre interesses burocráticos e não um *locus* exclusivo dos militares. Todavia, deve-se considerar que os militares também exercem um poder formal, particularmente por intermédio do Conselho de Segurança Nacional e das diversas representações do Serviço Nacional de Informações, que se soma ao poder representado pela presença militar nos órgãos de decisão, e que implica uma influência maior dos militares em relação à burocracia civil na tomada de decisões públicas. Não há mudanças nas passagens de governo exatamente porque se criou uma espécie de rede para garantir a continuidade da presença militar informal mesmo que eles abram mão do poder formal (ou percam-no).

A explicação dada pelo autor, entretanto, acaba nutrindo a idéia de corporativismo, pois aparentemente a permanência dos militares em diferentes órgãos é mais um mecanismo de manutenção de emprego (alternativa aos baixos soldos) do que uma estratégia planejada para imprimir seus valores (ou interesses) à estrutura do governo – o que, aliás, o autor nega ao admitir que muitos governadores e presidentes da República resistiram à nomeação de militares para cargos públicos.

Se a explicação é um tanto confusa, Walder de Góes oferece uma base quantitativa de comparação muito importante para análises futuras. Apesar de não haver uma descrição da técnica utilizada na obtenção e tabulação dos dados, tornando difícil tanto a atualização quanto o entendimento do processo que descreve, o autor fornece uma visão diferente para o estudo da participação militar na política.

\* \* \*

Nosso objetivo neste capítulo foi avaliar como a literatura trata a questão da tomada de decisões pelo Estado brasileiro. Para atingi-lo, partimos de dois pressupostos. Em primeiro lugar, quando falamos em decisão do Estado, estamos restringindo o processo de decisão à esfera pública, à chamada *public policy*, assim, não estamos definindo decisão como algo geral que está presente em qualquer relação social. Em segundo, nos passos de Celso Lafer – que, por sua vez, segue os de Weber –, entendemos que o Estado (para os efeitos aqui buscados) é composto de duas arenas: a administrativa – na qual imperam regras e rotinas e, portanto, não existe espaço para escolhas e decisões, e sim de execuções repetidas – e a propriamente política – cujo fundamento da existência é exatamente a escolha e decisão. Essa última é a referência quando falamos em processo de decisão.

Com essas definições provisórias em mente, tomamos uma série de trabalhos que têm como ponto central o vínculo entre sistema político e processo de decisão do Estado no Brasil. A preocupação básica dos autores, entretanto, é muito menos abrangente do que isso pode dar a entender: eles buscam apreender os diferentes níveis de poder de determinados grupos e seu vínculo com a formulação de políticas (programas de ação) no Brasil. Alguns têm pretensão maior: compreender o sistema político brasileiro e seu desenvolvimento histórico. As características semelhantes desses trabalhos, isto é, seus pontos de contato são:

1 Os textos podem ser classificados como estudos de caso, isto é, a maior parte deles toma uma agência ou uma política específica do Estado e busca explorar intensamente suas características com o objetivo de explicar um tema mais geral, qual seja, a relação entre sistema político e processo de decisão no Brasil.

2 Mesmo sendo estudos de caso, os autores dedicam uma parte substantiva dos textos à descrição da teoria e metodologia que fundamenta a análise pretendida. Isso se deve, dizem os próprios autores, à inexpressividade de estudos dessa natureza no Brasil e à sua importância na explicação do próprio sistema político do país.

3 Outra característica desses textos é seu vínculo com a economia, isto é, a maioria das análises recai sobre processos de decisão de *economic policies* e não de estratégias gerais do Estado.

4 Mesmo quando não é objetivo do autor analisar uma determinada política (*policy*) ao longo do tempo, mas sim num dado mo-

mento histórico, eles destacam como característica do sistema político brasileiro a sucessão de reformas administrativas do Estado que, tomadas a partir de 1930, parecem coincidir com as mudanças no próprio sistema político.

5 Essa inconstância do sistema político, e conseqüentemente do sistema de decisão, encontra explicação em dois caminhos mutuamente excludentes: ora o sistema é encarado como funcional e portador de uma lógica própria (diferente da racionalidade dos países desenvolvidos), no sentido da manutenção da dominação de determinada classe e da dependência do modelo econômico em relação ao exterior, ora como disfuncional, pois cria órgãos e políticas (*policies*) que se anulam mutuamente. O interessante, no entanto, é que essa funcionalidade ou disfuncionalidade é encarada como explicativa tanto da alternância entre sistema político aberto e fechado (democradura e dictablanda) quanto do sentido da mudança que colocaria um ponto final às constantes reformas da administração: é a democracia, como regime político, que impediria que todas as decisões, isto é, a formulação de políticas, fossem processadas no interior do Estado.

Essa última observação abre caminho para sublinharmos o grande ponto de divergência entre os estudos avaliados. Na maioria dos casos, conforme apontamos no item 2, é explícita a linha teórico-metodológica adotada. Essa varia desde a Teoria das Elites, passando pelos sistêmicos até o Novo Institucionalismo. O interessante, nesse sentido, é que, ainda que divirjam do ponto de vista teórico-metodológico, eles acabam por apontar as mesmas explicações e soluções para o sistema decisório no Brasil. O que acontece é que colocam ênfase em partes diferentes do processo de tomada de decisão: mecanismos de entrada (*inputs*), de transformação ou de saída (*outputs*); ou então nos atores (elites, instituições, sistema).

## Os militares nas políticas públicas

Com base na avaliação da literatura disponível sobre o tema, literatura esta que não aborda a relação entre Forças Armadas e políticas públicas, mas sim cada um dos pólos da relação separadamente, chegamos a um quadro teórico-metodológico cuja filiação pode ser tomada como sistêmica. Nesse sentido, apesar dos problemas que já apontamos a respeito dessa teoria, entendemos que é a que fornece as melhores possibilidades para o entendimento do nosso problema, qual seja, avaliar a participação dos militares na formulação e implementação de políticas governamentais.

A partir dessa filiação, repetimos que na análise do papel militar é preciso considerar as abordagens *interacionais* (o que chamamos anteriormente de *globalista*) como parte do modelo de análise, pois elas nos oferecem um quadro no qual a variável principal é justamente a relação entre setor castrense e setor civil.

Da mesma forma, a análise aqui feita reforça a idéia de que está na proposta de Juan Linz o ponto de partida para a compreensão da mudança política processada no Brasil em 1964. Todavia, a mudança para um regime civil não se reduz aos modelos que repetem que a transição brasileira foi de tipo pactuada. Dadas as mudanças no cenário internacional, o comportamento militar em processos de transição e também nos períodos de consolidação democrática somente encontra formas de explicação ao considerar as categorias de autonomia e tutela. São essas, levando em conta as ressalvas anteriormente feitas, que complementam o modelo teórico-metodológico que buscamos.

A respeito do principal objetivo que perseguimos neste capítulo, ou seja, uma avaliação mais ampla sobre os modelos de análise de políticas públicas, pensamos ter mostrado que todos os modelos analisados oferecem caminhos para o entendimento dos processos de decisão nos regimes democráticos, mas não o fazem igualmente para regimes autoritários, mesmo quando este é o objeto específico do autor (caso, por exemplo, dos textos de Alexandre Barros e Walder de Góes). De qualquer modo, é nas mudanças institucionais que as disfuncionalidades do sistema decisório encontram solução. É a isso que atribuímos a correspondência existente entre mudanças *de* ou *no* regime político com as reformas administrativas postas em prática no Brasil a partir de 1964.

Em termos teóricos, romper essa camisa-de-força, isto é, desvincular o necessário desenvolvimento do sistema político da mudança do regime (e a adoção de regras democráticas) implica a combinação do conceito de autonomia militar com a participação dos atores no processo de decisão, encarando o comportamento dos atores como mais importante do que a decisão finalmente adotada.

Considerando o exposto, apesar dos problemas referentes à abrangência das análises, entendemos que somente a partir da combinação de diversos estudos de caso, esgotando os acontecimentos que são objeto de análise, é que se pode de fato avaliar qual foi a participação dos militares nos processos de formulação e implementação de políticas governamentais. Obviamente, os limites que se nos impõem neste trabalho nos impedem de propor a realização dessa investigação. Todavia, podem-se minimizar os problemas de abrangência desde que a escolha do objeto de análise (o caso a ser estudado) recaia sobre processos de decisão global do aparelho de Estado, bem como tomando-se mais de uma agência para processar a comparação. A combinação desses dois critérios deve permitir a generalização para toda a administração governamental.

# 2
# OS MILITARES NA BUROCRACIA FEDERAL

Ao chegarem ao poder em 1964, os militares inauguraram uma nova forma de administrar o Estado. Tanto assim, que foi durante o regime militar que o país conheceu um número razoável de medidas reformistas com o intuito de modernizar a burocracia nacional.

Também introduziram, mais tarde, um novo modo de relacionamento político, abandonando os ideais democráticos para abraçar o caminho fácil do desenvolvimento econômico pela via do autoritarismo político. Nesse caso, encontraram terreno fértil na cultura mandonista que ainda prevalece no Brasil.

Não é novidade, portanto, que as Forças Armadas mudaram a face do país nos 21 anos que estiveram à frente do governo, nem que o fizeram por um mecanismo bastante engenhoso no centro do qual estava o estabelecimento de regras legais que os próprios dirigentes, quando necessário, cuidavam de ignorar ou descumprir. Durante esses 21 anos, conhecemos a estruturação dos sistemas bancário, econômico e financeiro; a reestruturação da administração pública; a criação de fundos de provisão e crédito; mudanças nas relações de trabalho no campo e na cidade; vários Atos Institucionais, Emendas Constitucionais e até uma Constituição.

O que nos perguntamos agora é como essas mudanças se articularam com a presença dos militares, qual era a real participação dos militares não somente no processo legislativo, mas e principalmente na elaboração e execução das políticas públicas do período.

Uma das maneiras de avaliar essa participação é pela presença de militares nos postos-chave de decisão governamental. Nesse aspecto, alguns estudiosos cuidaram de dar os primeiros passos, mostrando, por exemplo, quantos ministérios foram ocupados por civis e quantos por militares durante determinada gestão. Aqui procuraremos ir, quando possível, mais longe, listando também os cargos de segundo e terceiro escalões. E também tomamos um período maior, procurando avaliar como foi o processo de ocupação de cargos no Executivo Federal entre 1964 e 1990.

Reforçamos que nosso objetivo neste estudo é avaliar a real participação dos militares na administração do Estado, é saber se de fato houve um processo de *militarização* da burocracia, tornando as Forças Armadas as reais gestoras da coisa pública, os decisores (*policy makers*) das políticas implementadas na vigência do regime autoritário (1964-1985), e mais, como se processou a transição dos militares para os civis na administração federal.

Outro aspecto que deve ser considerado diz respeito à relação entre burocracia e apoio político. É comum relacionar-se a ocupação de cargos na administração com a necessidade de obtenção de apoio por parte do Executivo no Parlamento, dado que temos um sistema presidencialista multipartidário. Assim, a cada vez que o presidente quer ver aprovado um projeto de seu interesse, ele tende a trocar cargos da administração federal pelo apoio necessário (clientelismo). Se isso é verdadeiro, dado que sob o regime autoritário esse apoio não era exigência do sistema, pois vivíamos sob o bipartidarismo com fidelidade partidária (até o governo Figueiredo, quando se processou a reforma partidária), então não haveria esse tipo de utilização da máquina pública, e, por inferência, a tecnocracia que dominava detinha um conhecimento diferenciado que permitia e justificava sua presença no interior da administração. Será essa explicação razoável?

Na impossibilidade de trabalhar com o conjunto da administração, na medida em que o número de políticas públicas foi bastante extenso – basta pensar nas já mencionadas reformas a que foi submetida a burocracia não somente estatal, mas também privada a partir de 1964 –, tomamos os casos de dois setores: as Comunicações e a Educação.

Neste capítulo, seguindo de perto trabalhos já realizados sobre a presença fardada no Estado, buscaremos avaliar qual foi a presença militar nos cargos públicos de primeiro e, se possível, segundo e terceiro escalões para o conjunto da administração federal. Aqui, portanto, não se trata de analisar as diferentes políticas adotadas, mas apenas acompanhar o processo de "invasão" dos cargos públicos pelos militares. Este será também um meio de situar as Comunicações e a Educação no conjunto da burocracia federal, daí porque os dois ministérios a que eram afeitos não serem trabalhados aqui.

Outra maneira de avaliar essa participação será uma análise, ainda que parcial, das dotações orçamentárias para os ministérios militares relativamente ao setor civil do governo federal. Faremos isso a partir das despesas fixadas por órgão de governo (1964-1988) e/ou por função de governo (1964-1990), segundo foi classificado pelos próprios setores da União.

Dadas as características do estudo, excluímos os três ministérios militares, pois estes foram até recentemente ocupados exclusivamente por militares. É verdade que não deveria ser assim, pois a ocupação dos ministérios militares por militares é uma situação, por si só, excepcional. Não obstante, durante todo o período republicano, em apenas uma ocasião o Ministério da Guerra teve um comando civil – na década de 1920, no governo Epitácio Pessoa. Assim, se não excluíssemos os ministérios militares da análise, mormente quando o presidente da República era militar, ela sofreria uma distorção.

Considerando, pois, as ressalvas e os caminhos metodológicos, a primeira questão a responder é: qual o patamar de participação castrense no início desse processo? Em outras palavras, quantos eram e onde estavam os militares antes do golpe de 1964?

### Participação militar no governo civil

Conforme expõe Benevides (1976), o próprio sistema político brasileiro, para funcionar, necessita da colaboração castrense. Fazem parte do processo político mecanismos de cooptação desses atores para que haja alguma estabilidade do sistema. É assim que os períodos críticos da história brasileira correspondem também à união militar em torno de determinadas idéias. As fases de estabilidade, ao contrário, implicam a manutenção de algum grau de divisão interna às Forças Armadas, ao mesmo tempo que se assegura a participação de militares em cargos governamentais – parece uma medida compensatória para as Forças Armadas –, de forma a preservar a normalidade do processo político pela garantia de "fiéis da balança" dada ao ator fardado. Em resumo, já no governo Juscelino Kubitschek, vê-se a

> evolução crescente do poder militar, parece claro que o 11 de novembro representou, de certa forma, a tomada de consciência dos militares (apesar da cisão com o 24 de agosto) de que não podem mais se dividir, pois divididos não têm poder e *poder, para eles, é ocupar os postos do governo*, principalmente aqueles ligados ao desenvolvimento [comunicações, transportes, estudos cartográficos e de aerolevantamento, cooperação com países amigos no campo da energia nuclear etc]. (Benevides, 1976, p.191, grifos nossos)

Essa mesma relação é apontada por Johnson (1968). Segundo ele, os militares ocupavam cargos não castrenses desde muito antes de 1964, e não só na esfera pública, como também em empresas privadas. Aliás, para o autor, foi essa participação que "minou a capacidade dos militares continuarem a desempenhar o papel de moderadores da política" (p.211). Em pesquisa feita por Johnson em 1959, a ocupação de cargos civis por militares se contava às centenas, e entre estes estavam o titular do Ministério da Viação e Obras Públicas e a direção da Departamento de Correios e Telégrafos.

A ocupação de cargos na administração civil não é, portanto, uma novidade inaugurada em 1964. O que parece acontecer a partir da chegada dos militares ao centro do poder é um aumento relativo dessa participação, da mesma forma que se nota a ampliação das possibilidades em conseqüência do aumento da participação do Estado no desenvolvimento econômico.[1]

No governo João Goulart, é sabido que houve uma grande circulação de membros do primeiro escalão, a ponto de Wanderley Guilherme dos Santos (1986) defender que a alta rotatividade no Executivo federal contribuiu para o que ele chamou *Paralisia decisória*,[2] fenômeno que levou ao aumento desmesurado da instabilidade governamental de forma que foi co-responsabilizado pelo golpe de 1964. Por essa razão, restringimos nossa análise ao período presidencialista (janeiro de 1963 a março de 1964) de João Goulart.

Em janeiro de 1963, havia treze ministérios e sete órgãos diretamente ligados à Presidência da República, totalizando vinte cargos de primeiro escalão. Retirando os eminentemente militares, temos quinze postos. Destes, centramo-nos somente nos ministérios, não avaliando, por falta de dados, o Departamento Administrativo do Serviço Público (Dasp) e a Consultoria Geral da República (CGR), e também o Gabinete Civil, todos ligados à Presidência.[3]

Como muitos já apontaram, a preocupação de Goulart ao organizar seu ministério, tanto em janeiro quanto em junho de 1963, era

---

1 Interessante notar, a respeito, que em uma série de reportagens datadas de 1983, o *Jornal da Tarde* apresentava o Brasil como uma congênere da URSS, chamando-o ironicamente de República Socialista Soviética do Brasil. Nestas, discutia-se o crescente papel econômico assumido pelo Estado a partir de 1964, com a criação de comissões, grupos de trabalho, empresas e fundações que deveriam responder às demandas planejadas pelo governo central para fazer do país uma grande potência. É importante lembrar, porém, que muitos desses organismos foram pensados em governos anteriores e apenas postos em funcionamento pelos sucessivos governos militares. A própria Reforma Administrativa realizada por Castelo Branco tem seus estudos datados (e até um ministério criado com esta finalidade) de 1961. Ver *Jornal da Tarde*, edições de 8 a 29.8.1983.
2 O fenômeno chamado *paralisia decisória* não se restringe à rotatividade nos cargos governamentais, mas esta é uma das variáveis, da mesma forma que a fragmentação e a polarização política.
3 As fontes utilizadas para compor o perfil dos governos analisados foram: *Almanaque Brasil* (1995-1996, p.22-3); *Diário Oficial da União* (23.1.1963, Seção I, p.794-95); FGV-CPDoc (1984); Grupo Visão: *Perfil – Poder Executivo Federal* (29.3.1968, outubro de 1973, novembro de 1974 e 1980); Corke (1989, p.44-72).

a conciliação das diferentes correntes políticas, de forma a garantir um mínimo de governabilidade ao sistema. Para tanto, ele perseguia a reedição da histórica aliança entre PTB-PSD, as duas forças políticas capazes, se unidas, de lhe proporcionar a estabilidade necessária ao cumprimento do seu mandato. Por isso mesmo, o rodízio entre os ocupantes dos cargos de primeiro e até segundo escalões busca manter o equilíbrio entre essas duas correntes políticas. De fato, mesmo aqueles que saíram da caserna (dois casos) não são militares em sentido estrito, são híbridos, são políticos que um dia freqüentaram a caserna.

Dos 23 membros efetivos que passaram pelos doze ministérios civis, apenas um era militar, o almirante Ernâni do Amaral Peixoto, que ocupou a pasta Extraordinária para a Reforma Administrativa. Porém, na época de sua nomeação, era deputado federal pelo PSD, e foi nessa condição que o presidente o chamou para o governo.

Outros dois ministros passaram pela caserna: Expedito Machado, nomeado em junho de 1963 para o Ministério da Viação e Obras Públicas; e Wilson Fadul, que, como médico, ingressou na Aeronáutica e foi nomeado, também na reforma junina, para a Saúde. Outro ministro da Saúde, Paulo Pinheiro Chagas, freqüentou o Colégio Militar, mas não concluiu aí seus estudos.

Da mesma forma que com o ministro para a Reforma Administrativa, todos os três citados eram, à época da nomeação, deputados federais da liga PTB-PSD, e, tudo indica, foi nessa condição que se tornaram ministros.

Quanto à participação de ex-alunos da ESG no ministério, não há nenhuma referência a isso na biografia dos ministros. A única exceção diz respeito ao presidente da Petrobras em janeiro de 1963, Francisco Mangabeira, que fez ESG/Adesg. Porém, ele não foi escolhido por Goulart, estava naquele posto quando da reforma ministerial de janeiro de 1963. Para substituí-lo, todavia, o presidente escolheu um militar, o marechal Osvino Alves Ferreira, que permaneceu no cargo até ser preso e depois cassado pelo primeiro Ato Institucional do período militar.

Certamente, o número de militares que ocupavam cargos no governo não se resumia aos aqui arrolados. Entretanto, pelo menos no primeiro escalão, essa participação era pequena. Nos outros níveis da administração federal, há notícias que membros da caserna dirigiam o Departamento de Correios e Telégrafos (DCP) e administravam a Estrada de Ferro Leopoldina, ambos ligados ao Ministério da Viação e Obras Públicas. Aliás, era nesse ministério, seguido pelo da Justiça (por causa do controle da Polícia Federal), que historicamente se localizava o maior número de militares (Johnson, 1968).

Talvez isso explique, pelo menos em parte, a facilidade com que Jango caiu. Conforme orienta Benevides, o presidente permitiu, por um lado, que os militares se unissem em torno de uma idéia (o combate ao comunismo que estaria sendo perseguido pelo presidente), e, por outro, não os cortejou o suficiente (atendendo, pela nomeação para cargos na administração, aos diferentes grupos militares) para mantê-los afastados da política.

Deve-se também levar em conta a hipótese levantada por Johnson. Segundo ele, a ocupação de cargos na administração pública e até privada por militares é tão comum em países como o Brasil menos por questões políticas e mais por razões econômicas: são capacitados porque bem formados nas escolas militares, e são mais baratos, pois o soldo não é fixado pelo cargo, e sim por sua patente. Esse raciocínio seria válido inclusive para militares da reserva, pois o parâmetro não seria a iniciativa privada, e sim aquilo que se paga na caserna.

Se essa hipótese explica por que os militares são co-participantes da burocracia no Brasil, ela não esclarece as possíveis diferenças entre os governos; isto é, se são os critérios econômicos (ou melhor, financeiros) que determinam a escolha do profissional que ocupará determinado cargo, então seria razoável supor que em períodos de crise financeira aumentasse o número de militares na administração pública. Ao revés, em períodos de crescimento e bonança, essa participação cairia.

Como os próprios dados colhidos por Johson sugerem, contudo, não é isso o que ocorre, não podendo se estabelecer uma correlação forte entre economia e ocupação de cargos. Parece mais plausível supor que são as relações entre as forças políticas que disputam o poder no Estado e até os apoios que aqueles que estão no vértice do governo necessitam que determinam as variações na ocupação de cargos na administração pública.

Se estamos certos, haverá crescimento na participação dos militares no pós-64 no Brasil porque são generais que ocupam a Presidência da República. Em contrapartida, nos períodos mais críticos do ponto de vista político, e principalmente na fase de transição iniciada por Geisel, esse número tenderia a cair, equiparando-se ao de civis. Isso não significa deixar de lado as afirmações de Benevides quanto aos fatores de equilíbrio entre civis e militares que devem existir para que o sistema político seja estável.

## Participação militar no governo militar

Foram a busca de estabilidade por meio da manutenção do equilíbrio entre as diferentes forças em disputa e a necessidade de diferenciar-se de seu antecessor mostrando capacidade técnica que animaram as escolhas de Castelo Branco na composição de seu ministério. Essa visão é compartilhada pela do governo britânico, para quem

> Muitos acreditam que o homem forte no governo é o general Costa e Silva, ministro da Guerra. Ele é o único "sobrevivente" do Comando Supremo da Revolução que permanece com cargo no governo... O marechal Juarez Távora, ministro dos Transportes, é outro contemporâneo de Exército do presidente e, segundo dizem, com certa influência sobre ele, além de também ter reputação de incorruptível. Os outros ministros são técnicos capazes, todos com boas qualificações para o cargo, mas com pouca vivência em política. Aparentam estar solidamente unidos ao presidente e não há sinais de existir dissensões entre eles ... Não fora a falta de experiência política, dificilmente uma melhor equipe poderia ser montada no Brasil. (Relatório do Embaixador britânico no Brasil em 1964, *Sir* Leslie Fry, apud Cantarino, 1999, p.133).

O que chamou a atenção dos analistas, no entanto, não foi a capacidade que possuía a equipe escolhida por Castelo Branco, mas sim o número de militares que compunha o primeiro escalão desse governo e, principalmente, os militares oriundos da ESG. Assim, a análise de Stepan (1975, p.172 ss.) mostra que o círculo mais próximo do presidente era um *conglomerado* militar. Ele chama de conglomerado porque esses militares tinham características de carreira comuns: dos dez generais mais próximos de Castelo Branco, 50% participaram da FEB, faziam parte do corpo permanente da ESG e cursaram escolas estrangeiras, e 100% ocuparam os primeiros lugares nas escolas militares (cf. Fiechter, 1974).

Já Walder de Góes (1979) mostra que a partir de 1964 há um crescimento da participação militar, mas essa não é muito diferente daquela que vinha se verificando antes, sob a égide civil. É somente mais tarde, com a implementação das reformas, que redundaram em uma participação maior do Estado na economia, que se verifica a "penetração direta" dos militares na administração pública.

De todo modo, a análise da composição do ministério de Castelo Branco mostra que a participação militar aumentou em relação aos governos anteriores: sem incluir os três ministérios militares e considerando os cargos diretamente subordinados à Presidência da República, têm-se quatorze postos. Destes, seis foram ocupados por militares em algum momento da gestão castelista (considerando apenas os ministérios civis, 28 foram ministros titulares entre 15.4.1964 e 15.3.1967). Nem mesmo o Ministério das Relações Exteriores[4] ficou imune ao controle militar: no último período desse governo, ele foi ocupado pelo general Juracy Magalhães – que antes havia sido titular da pasta da Justiça e Negócios Interiores.

---

4 As características da carreira diplomática e da política exterior afastam a presença castrense dos quadros do Itamaraty, o que não implica que o cargo de ministro não seja utilizado politicamente ou mesmo que o Ministério das Relações Exteriores ficasse imune à tomada do governo pelos militares. A respeito da política exterior sobre o regime militar, há vários trabalhos, como os de Paulo Vizentini, Williams Gonçalves e, para uma visão interna, Guerreiro (1992).

Assim, se comparado ao governo Jango, a participação militar no ministério de Castelo Branco cresceu seis vezes. Considerando o rodízio de ministros, quase um quinto dos cargos esteve em mãos militares sob Castelo Branco. Tomando apenas o número de ministérios, quase metade (50%) foi ocupada, em algum momento, por membros da caserna.

Destaca-se também que, diferentemente do que sugere Benevides, pelo menos no início do período militar, não existe uma preferência pela ocupação de cargos ligados ao desenvolvimento. É verdade que o Ministério da Viação e Obras Públicas – ao qual se subordinavam as áreas de infra-estrutura, como Transportes – teve como titular, durante praticamente toda a primeira gestão militar, o marechal Juarez Távora. Porém, como já apontamos, militares ocuparam o Ministério das Relações Exteriores, Trabalho e Previdência Social etc.

Observa-se na composição do ministério de Castelo Branco que ela era muito menos heterogênea do que a de Jango. Basicamente, seus ministros eram oriundos da caserna ou da UDN. Isso significa que as forças políticas às quais o presidente deveria responder eram menores, ele não precisava – até porque desprezava – de apoio legislativo e ainda contava com a legitimidade conferida pelo movimento de 1964, o que não significou que ele não precisasse contentar as diversas forças no interior das Forças Armadas. Nesse último caso, a manutenção de Costa e Silva foi fundamental.

Assim, se foi a busca de equilíbrio entre as diferentes forças em disputa que animou as escolhas de Castelo Branco, essas foram bastante facilitadas, ao menos na primeira fase de seu mandato. Com as eleições de 1966, verificou-se que os "revolucionários" não contavam com apoio social e ampliou-se o leque da disputa, apontando para a necessidade de novas composições. Talvez isso explique a reforma partidária e as novas concessões para a caserna. Estas últimas, entretanto, não tiveram imediata tradução na composição ministerial.

A saída de Costa e Silva, necessária para que se candidatasse à Presidência da República, não representou a ascensão de outro linha-dura: ele foi substituído por Ademar de Queiroz, ex-aluno da ESG (matrícula 819/59) e muito próximo a Castelo Branco.[5]

Em resumo, a participação militar nos ministérios civis na gestão Castelo Branco foi bastante expressiva, tendo uma média de quase 40% (38,46%), incluídos os três *híbridos* (militares-políticos). Destes, somente Ney Braga não havia sentado nos bancos da ESG, o que explica, ainda que parcialmente, a grande importância atribuída à Escola pelos analistas do período, mas que, veremos, não mais se repetiu durante o regime militar.

A chegada de Costa e Silva à presidência coincidiu com a colocação em prática da reforma administrativa, o que implicou o crescimento e a mudança da estruturação dos ministérios. Nessa gestão, eram dezoito os ministérios. Nos ministérios civis, verifica-se, novamente, grande participação militar. Tomando-se apenas os titulares, havia entre quatro e cinco militares no primeiro escalão.

Em termos percentuais, entretanto, a mesma média verificada na gestão anterior é repetida, não ultrapassando 40%. Dessa forma, restrita a avaliação aos ministérios, não se confirma a hipótese de crescimento da presença militar na burocracia do Estado. Todavia, decrescem tanto o número de *híbridos* – somente um – quanto (vertiginosamente) o de *esguianos*. Nesse caso, apenas três ministros estagiaram na Escola: o ministro da Aeronáutica, Márcio de Sousa e Melo (matrícula 000212/56); do Interior, general Albuquerque Lima (mat. 001309/63); e dos Transportes, coronel Mário Andreazza (mat. 000880/59) (Adesg, 1984). Considerando a totalidade de ministérios e o rodízio de seus titulares, esse número representa 15%.

Pela disponibilidade de dados, pudemos fazer um estudo mais apurado dessa gestão. Para essa análise, desconsideramos os minis-

---

5 Segundo Viana Filho (1975, p.404), quando foi sugerido a Castelo o nome de Ademar de Queiroz para substituir Costa e Silva, ele disse "Este para mim é como irmão", completando o que havia dito meses antes sobre os revolucionários do Exército que seriam três: "O general Cordeiro, muito preocupado com as instituições; o general Ademar de Queiroz, preocupado com a organização militar; e o general Cintra, preocupado com o comunismo", este último não integrou seu governo.

térios militares, bem como o SNI. Somando os cargos de segundo e terceiro escalões de todos os ministérios e da presidência, têm-se, em março de 1968, 574 postos no total. Desses, 69 eram ocupados por militares, o que representa 12% de participação militar. Considere-se que há pelo menos um militar em cada ministério, já que não subtraímos dessas cifras a Divisão de Segurança e Informação (DISI). Ao incluirmos as DISIs, estamos implicitamente reintroduzindo na análise o papel do SNI, pois concordando com Walder de Góes: "Ele [o SNI] é um organismo poderoso que, liderando os serviços secretos das três Armas, se transformou em peça vital do processo decisório brasileiro". Pois,

> O SNI está presente, por intermédio de representação formal, em todos os ministérios (DSIs) e nas autarquias e empresas do Estado (ASIs), em todos os estados (delegacias) e nos municípios de maior expressão (representantes). Essa rede complexa e tentacular, apoiada por uma agência central dotada de recursos ilimitados e de moderna escola para a formação de agentes e analistas, exerce forte impacto no processo decisório dos governos federal, estaduais e municipais, fazendo-o diretamente (pareceres impositivos) e indiretamente (coerção difusa). (Góes & Camargo, 1984, p.144)

Tomando como está, os 12% de participação militar podem ser avaliados como a dose de *militarização* necessária ao funcionamento estável do sistema, conforme Benevides. E poder-se-ia considerar, comparando-se esse número com o verificado por Góes que, na verdade, há redução da participação militar, pois ele encontra um índice bastante maior: 27,8%, em 1979.[6]

---

6 As metodologias de ambas as sondagens são bastante diferentes, dificultando a comparação. Para minorar essa diferença, somamos aos 574 cargos encontrados (que consideramos indistintamente como o fez Góes) os quatorze ministérios e a Presidência da República, chegando a 589 cargos e tomando-os como os mais importantes do Estado. Destes, 75 eram ocupados por militares, inclusive a própria Presidência. O percentual de participação não fica nem um ponto superior ao antes verificado: 12,73%, o que nos permite trabalhar com a participação original.

Se atentarmos, porém, para o tipo de *locus* que está por trás do cargo ocupado, é possível verificar o sentido da *militarização* da burocracia. Assim, por exemplo, a menor e também a mais importante participação castrense dentro do leque considerado encontra-se na Presidência da República, onde são militares o presidente e seu assessor de imprensa.

Conforme definimos anteriormente, *militarização* assume aqui o significado de ocupação física pelos militares de cargos eminentemente civis. A influência destes sobre a política é avaliada nesse caso pelo significado político (concentração de poder) do cargo ocupado.

Trabalhando por ministérios e desconsiderando o cargo de ministro, os números se alteram bastante. Assim, a menor participação encontrada está no Ministério da Fazenda (3,2%) e a maior está nas Comunicações (68,7%), seguido pelo Ministério dos Transportes (50,0%). A menor participação castrense em números absolutos está na Presidência da República, onde apenas o assessor de imprensa é militar, mas como há apenas cinco cargos listados, este pequeno número equivale a 20% dos cargos. Além disso, o *locus* é muito importante, pois o fundamento último da decisão está no vértice da administração.

Como já afirmamos, a menor participação castrense nos ministérios está, em termos percentuais, na Fazenda, o que talvez explique as afirmações posteriores de Delfin Netto, que disse: "Os militares não interferiam na área econômica. Não opinavam nem no orçamento do Exército", além de respeitarem o orçamento como nenhum outro ministério (apud *Folha de S.Paulo*, 6.12.1998, p.1-12). Esse é um dos raros pensamentos que com ele compartilhava Mário Henrique Simonsen, que afirmou: "Nunca senti influência militar na minha área nos cinco anos em que estive no governo. Em termos administrativos, jamais houve interferência dos Ministérios do Exército, Marinha, Aeronáutica, EMFA, ou mesmo SNI" (apud Mota, 1987, p.38). Em contrapartida, nem mesmo o ministério mais poderoso da administração nacional ficou imune à presença militar: ainda que pequena, ela se fazia sentir.

Dos quatro militares que estavam no Ministério da Fazenda, um estava na DISI, dois ocupavam presidências da Caixa Econômica em Estados nordestinos, e um era diretor da Casa da Moeda. Assim, não se pode afirmar que se localizavam em setores determinantes da política. Aspecto interessante nessa participação é que os dois militares que estavam na estrutura mesma da Fazenda eram oriundos da Marinha. O ocupante da DISI, cargo normalmente reservado aos generais,[7] era um vice-almirante, e o diretor da Casa da Moeda era capitão-de-mar-e-guerra.

Quando avaliamos em que ministérios está o maior número de militares, confirma-se a análise de Benevides de que é nos setores "técnicos" do governo que se concentram os interesses das Forças Armadas. Também são esses ministérios que detêm maior fatia orçamentária, retirando, dessa forma, dos políticos seu poder de barganha eleitoral e até, por hipótese, subordinando as ações destes às conveniências do governo fardado e da tecnoburocracia que começa a aparecer.

Vale registrar, porque contrasta com indicações da análise, a pequena participação militar no Ministério da Justiça: dos dezenove cargos listados, apenas dois eram ocupados por militares, o que representa 10,5% de participação. Se do ponto de vista percentual está quase sete pontos acima da menor participação, fica abaixo da média (12%), e muito abaixo da maior participação indicada (68,7%). Porém, é sob a batuta desse ministério que está toda a estrutura de segurança pública federal, bem como foi justamente nesse governo que se processou a legislação militarizante da polícia.

Cabe um último destaque: mesmo o Ministério das Relações Exteriores, onde a própria estrutura funcional fornece uma certa proteção corporativa, repete a permeabilidade à presença militar. Nele, encontra-se um percentual de ocupação militar de cargos civis

---

7 Interessante observar que apenas três dos cargos das DISIs foram ocupados por não-generais, o caso da Fazenda, da Justiça (brigadeiro) e dos Transportes. Neste último, onde um coronel era diretor da DISI, o ministro era também um coronel, Mário Andreazza.

de 7,5%. Portanto, embora não seja grande o número de militares (três num universo de quarenta cargos), eles estão ali, encrostando-se na estrutura burocrática civil.

No ministério de Emílio Garrastazu Médici, o que mais chama a atenção é a continuidade dos nomes de primeiro escalão. Registraram-se seis ministros de Costa e Silva a permanecer na composição dos dezenove ministérios de Médici, incluindo-se nesse número dois dos três militares que ocuparam cargos civis.

Dos quatorze ministérios civis, quatro são ocupados por militares, incluindo o híbrido Jarbas Passarinho na pasta da Educação. Em termos percentuais, a participação militar representa 28,6% do primeiro escalão, se desconsiderarmos as mudanças ministeriais, e pouco mais de 17% considerando-as. Portanto, em relação aos dois governos militares anteriores, há uma redução bastante acentuada nessa participação.

Quanto à participação dos *esguianos*, verifica-se um aumento em relação ao governo Costa e Silva, pois cinco dos 22 titulares que passaram pelo ministério Médici freqüentaram a Escola. Além dos ministros da Aeronáutica e dos Transportes, remanescentes da gestão Costa e Silva, freqüentaram a ESG os ministros Júlio de Carvalho Barata, titular do Trabalho e Previdência Social (matr. 001468/65); da Saúde, Francisco de Paula da Rocha Lagôa (matr. 001273/63); e João Batista Figueiredo, da Casa Militar (matr. 000951/60) (Adesg, 1984). Isso representa 22,7%, quase oito pontos maior do que os 15% verificados na gestão anterior.

O terceiro governo militar foi o que contou com menor participação de políticos. De fato, apesar do incremento da máquina pública e do crescimento econômico acelerado,

> o governo Médici ilustrou como um general podia ficar no poder sem apoio popular, sem máquina política e sem um programa bem definido. Os detalhes dos *programas social e econômico foram delegados a tecnocratas civis*, ao passo que *as Forças Armadas mantiveram um estrito controle sobre o esquema de segurança do país*... (Drosdoff, 1986, p.31, grifos nossos)

O número pequeno de militares no Planalto não deve, entretanto, levar a minimizar o poder daqueles que lá estavam. Pode-se dizer que duas foram as características do processo decisório sob Médici. Em primeiro lugar, superaram-se as "panelinhas" e construiu-se uma eficiente rede na qual se integravam técnicos e militares. Os políticos, para serem representados nessa rede, deveriam ajustar-se às regras da burocracia, travestindo-se de técnicos (Schneider, 1991). Em segundo, houve uma grande concentração de poder nas mãos de quatro ministros: Mário Andreazza (Transportes); Jarbas Passarinho (Educação); Gibson Barbosa (Relações Exteriores); e Delfin Netto (Fazenda). Não por acaso, dois deles eram militares.[8]

Corrobora a visão da constituição de um governo voltado para a segurança uma análise, ainda que superficial, sobre as verbas orçamentárias destinadas às funções governativas. Utilizando como fonte os *Anuários Estatísticos* do IBGE, pode-se observar que entre 1964 e 1985 – portanto, tomando todo o período em que generais ocuparam a Presidência da República – há variações anuais na despesa fixada para a rubrica Defesa e Segurança, mas esta apresenta uma elevação de quase dois pontos percentuais entre 1968-1969, cai menos de um ponto entre 1969-1970 para subir ao seu ponto mais alto, atingindo 15,97%, em 1971. Esse dado faz ver o quanto o discurso da defesa da ordem tocou o governo, bem como afirmar que de fato os movimentos de esquerda forneceram munição para que os locutores da ordem agissem. Entretanto, aponta também para as dificuldades enfrentadas por Geisel e sua determinação em levar a cabo sua política distensionista, já que é a partir de seu governo que as verbas fixadas para Defesa e Segurança começam a cair, mantendo a tendência decrescente até 1987, ano no qual apresenta elevação de 2,56 pontos em relação ao ano anterior. Porém, os 7,54% a ela destinados não representam sequer 50% do montante atingido em 1971.

---

8 Orlando Geisel, ministro do Exército, também detinha grande poder, mas não o exercia para influenciar as políticas públicas. Pelo contrário, ele concentrou sua ação no controle estrito do Exército.

Em síntese, a composição ministerial e a distribuição do poder no interior do *sistema* apontam para a tomada do poder por uma tecnocracia diferenciada, que começou a ser recrutada nos dois períodos presidenciais anteriores, mas que encontra seu espaço de decisão exatamente no governo Médici. Isso só é possível porque 1. essa tecnocracia civil comunga dos valores presentes no governo, representados pelo discurso da construção do "Brasil Potência"; 2. por causa do regime implantado, mudaram-se os critérios de recrutamento da elite burocrática; 3. e ela compunha com os militares que se encontravam no interior do governo. Essa aliança pode ser assim resumida:

> O resultado foi uma eficaz aliança entre militares radicais e tecnocratas. Cada um tinha suas próprias razões para desejar um regime autoritário e ambos se precisavam mutuamente. Os militares de linha-dura precisavam dos tecnocratas para fazer a economia funcionar. Os tecnocratas precisavam dos militares para permanecer no poder. As altas taxas de crescimento, por seu turno, davam legitimidade ao sistema autoritário. (Skidmore, 1988, p.220)

## Participação militar na transição para o governo civil

Dado que no governo Geisel inicia-se o processo de "lenta, gradativa e segura distensão", nossa hipótese é de que na administração pública esse processo deveria revelar-se como o início da retirada controlada dos militares dos postos de decisão (Mathias, 1995). Na composição ministerial, essa retirada traduzir-se-ia por uma ampliação da participação civil, mormente de políticos – supõe-se que haveria a necessidade de construção de bases parlamentares em apoio à distensão –, ao longo dos cinco anos de mandato.

Tomando os quinze ministérios civis,[9] quatro eram ocupados por militares, o que equivale a 26,6%. Considerando-se as mudan-

---

9 A reforma ministerial promovida no período Geisel elevou ao *status* de ministros os titulares do EMFA, SNI, Casa Militar, Casa Civil e Secretaria do Planejamento. Verifica-se, pois, que três dos cinco novos postos são de ocupação "tradicionalmente" militar (cf. Nunes, 1978, p.53-78).

ças ministeriais, o percentual cai pouco, ficando em 23,5%. Comparando esses valores com os encontrados para a gestão Médici, temos uma queda de dois pontos percentuais para o primeiro caso, mas uma elevação no segundo de quase seis pontos.

Analisando-se, porém, a participação dos *esguianos* nesse ministério, vemos que há quase uma reprodução do governo Castelo Branco, pois, tomando-se os vinte ministérios (desconsiderando-se o EMFA, que teve nessa gestão governamental quatro titulares, dois dos quais estagiaram na ESG), sete foram ocupados por ex-alunos da ESG, ou 35% do total. Desses sete, porém, apenas um civil havia passado pelos bancos da Escola. Quando tomamos os 26 titulares que passaram pelos ministérios, o percentual cai muito pouco, ficando em 34,6%.

A análise aqui apresentada corrobora parcialmente a avaliação feita por Barros (1981), que encontrou um máximo de 33% de participação ministerial castrense entre Castelo e Geisel. Segundo os dados por nós recolhidos, o percentual de 33% constitui taxa média, pois, tanto sob Castelo Branco quanto sob Costa e Silva, a participação ministerial dos militares é maior. Todavia, essa decresce sob Médici e Geisel.

O mais importante, porém, é que, como mostra Nunes (1978), no governo Geisel, a presença militar é mais acentuada (posições estratégicas de primeira linha), e o *inner group* presidencial é totalmente composto por militares: na assessoria presidencial direta, há apenas um civil: João Paulo dos Reis Velloso, ocupante da Secretaria de Planejamento.

Tomando a avaliação de Stepan para Castelo Branco, vemos que Geisel, como é apresentado por boa parte da literatura, segue de perto os passos do primeiro, repetindo, no seu governo – também porque representa o mesmo grupo no poder (o "sorbonismo") –, a mesma composição do grupo palaciano.

Em contrapartida, apesar da acentuada presença de militares e técnicos, o número de políticos no ministério Castelo Branco é significativo (segundo Nunes (1978), entre os governos militares, é a gestão que apresenta menor diferença com o período anterior), o que não se repete com Geisel.

Assim, a distensão não se traduz, em termos da gestão pública, na maior participação dos políticos nos centros de decisão. Não há, ao que tudo indica, uma saída dos militares da burocracia, mas sim uma nova configuração da aliança que sustenta o sistema administrativo. Isso se revela na concentração de poder na Presidência da República promovida por Geisel (Oliveira, 1994) e traduzida, em termos da burocracia, pelo exercício de poder nos Conselhos ligados ao Executivo Federal.

Como discute Barros (1981), as duas principais funções dos sistemas políticos são a organização e a articulação de interesses. Isso, no Brasil, era feito pelos diversos conselhos ligados ao Executivo Federal, o que é potencializado a partir de 1964, ainda mais por Geisel que cria e preside o Conselho de Desenvolvimento Econômico, destruindo a estrutura de *primus inter pares* dos ministros da área econômica: "Com a instituição do CDE, a Presidência da República tornou-se, portanto, o centro do poder real e o próprio Conselho o núcleo do sistema decisório" (Codato, 1997, p.81).

A despeito de deixar para seu sucessor uma administração reformada, Geisel não lega a Figueiredo sua capacidade de centralizar decisões. Dessa forma, o número de ministérios ocupados por militares provavelmente reflete as posições de poder ocupadas por eles e não a centralização das decisões nas mãos do presidente da República.

Nunes (1978) ressaltou que uma das características dos governos militares foi a estabilidade ministerial, isto é, a rotatividade de ministros era pequena. Para o período que ele estuda, a maior taxa foi encontrada para Castelo Branco. Ainda assim, nem mesmo nesse caso a cifra se aproxima da verificada para o período anterior a 1964, quando o número de ministros era, no mínimo, o dobro do número de cargos disponíveis.[10] Para Nunes (1978, p.68),

> esta taxa revela certa normalidade na circulação e rotatividade dos indivíduos em postos estratégicos de governo. Os números referentes aos

---

10 Na análise o autor desconsiderou os governos Jânio Quadros e João Goulart, o primeiro pela efemeridade, e o segundo porque a rotatividade foi tão alta que se transformou em instabilidade.

três últimos governos [Costa e Silva, Médici e Geisel], entretanto, *revelam uma tentativa de evitar esta normalidade, de brigar com os fatos que caracterizam esta faixa da vida política.* (grifos nossos)

Tomando-se a rotatividade no governo Figueiredo, pode-se aventar a hipótese de que se perseguia essa normalidade política, pois, ao lado da continuidade como marca de governo, salta aos olhos o número de titulares que passam pelos ministérios: são 37 ministros para 22 ministérios. Se a estes for somado o EMFA, que não consideramos para a análise, a relação é quase de um para dois, pois são 23 cargos para 42 titulares, apresentando quase o mesmo patamar de antes de 1964.

A participação militar, entretanto, não perseguiu a normalidade institucional. Tomando os dezessete ministérios civis, sete foram, em algum momento, ocupados por militares, o que equivale a uma taxa de 41,2%, a maior de todo o período militar. Se considerarmos essa participação em relação aos titulares dos ministérios, a taxa cai bastante, ficando em quase 19%, ou 20,6% se desconsiderarmos as trocas internas.

Infelizmente, não temos dados para checar se a mesma taxa vigorava nas empresas estatais. Considerando a pesquisa de Góes & Camargo (1984), a taxa de *penetração informal* ficou em 27,8%, bem abaixo daquela que encontramos. Entretanto, como ele explica, não existe mudança significativa entre as gestões Geisel e Figueiredo.

Por essa análise, percebe-se que o sistema político brasileiro tem uma nova fonte de recrutamento de sua elite – não o Legislativo, como seria o esperado, mas a própria burocracia –, e isso é permanente. Como informa Góes (1978, p.137),

verificou-se que a proporção de militares na alta administração pública federal é idêntica em ambas as administrações, concluindo-se que as transformações políticas decorrentes da sucessão presidencial e o avanço da abertura política não alteraram a participação dos militares no comando da administração pública. Os resultados da investigação não podem ser apontados como medida precisa do fenômeno. No entanto, eles são suficientes para ilustrar um aspecto novo e decisivo da história contemporânea brasileira, qual seja, o de que a *administração pública é o espaço político em que se conciliam os interesses das burocracias civil e militar.* (grifos nossos)

Ao aumento da participação militar, entretanto, não equivale à presença de ex-alunos da ESG. Entre os ministros civis, apenas um freqüentou a Escola – Murillo Badaró (matr. 990026/75), ministro da Indústria e Comércio. Considerando indistintamente civis e militares,[11] chega-se a 22,7% de participação, mesmo valor encontrado para Médici, e quase doze pontos menor que o encontrado na gestão Geisel. A presença de *esguianos* é ainda menos importante quando levamos em conta que a taxa de participação militar é de 40%. Uma vez mais, portanto, vê-se que a importância atribuída à ESG não corresponde à sua participação no processo de decisão, pelo menos quando esse é tomado a partir daqueles que são os vetores de sua doutrina: seus ex-alunos.

Cabe destacar, seguindo a análise comparativa de Schneider (1991), que a particularidade do Brasil em relação aos regimes autoritários dos países vizinhos constitui-se por dois fatores: a baixa taxa de participação militar não só nos ministérios, mas principalmente nas empresas estatais, e a pequena permanência destes nos postos de decisão. Em suas palavras:

> A taxa média de presença militar nas empresas estatais era de 15%, bem abaixo dos 30% apresentados para os ministérios. Em 1975, por exemplo, quatro ex-oficiais do Exército ocupavam altos cargos [*top management position*] em empresas estatais elétricas e de aço: Alfredo Américo da Silva, presidente da Siderbrás; José Costa Cavalcanti dirigia a companhia encarregada da Itaipu; César Cals, diretor da Eletrobrás e Odyr Pontes Vieira, diretor (de material) da CSN. Isto contrasta bastante com os 52% de participação militar na burocracia estatal encontrada no Chile, ou com os 50% verificados no Peru. (ibidem, p.51)

Em contraste com a determinação da legislação brasileira de permanecer apenas por dois anos nos cargos ou ir para a reserva, os mi-

---

11 Novamente, desconsideramos o EMFA. Quando este é incluído, a taxa eleva-se para 39%, pois 100% dos que ocupavam o EMFA passaram pela ESG.

litares argentinos ou chilenos, por exemplo, "estacionavam" nos cargos. Na Argentina e no Chile,

> em setores como os do aço, os militares permaneciam nos cargos por décadas, pois as carreiras são mais técnicas do que militares. Até os anos 30, um oficial-engenheiro tinha a opção entre serviço ativo [nas FFAA] ou técnico. Aqueles em empresas estatais normalmente preferiam o último e aparentemente suspendiam suas promoções militares até que passavam (muito cedo) para a reserva. Suas carreiras técnicas dependiam muito de seu desempenho nas empresas estatais ou agências governamentais. Para os *anfíbios*, sua saída [partida] das atividades oficiais [militares] e também o desejo de ascensão na carreira dependiam mais de critérios políticos do que de militares. (p.53)

A força dos militares, em contrapartida, não se limita à sua representatividade na burocracia civil. Em oposição aos seus pares latino americanos,

> Os militares brasileiros foram muito bem-sucedidos na formulação e propaganda de seu projeto, uma mistura de nacionalismo, contrainsurgência, desenvolvimentismo e *grandeza* (destino de superpotência). Essa ideologia estimulou os *policy makers* civis a incorporarem suas propostas nesta ideologia. Isto porque as indicações para cargos importantes dependiam dos militares, e os civis exerciam-nos por graça dos militares. (p.54)

Assim, o que todos os autores que nos serviram de leme afirmam é que, a partir de 1964, aumenta, o que é diferente de inaugurar-se, a participação militar nos órgãos da administração pública. Essa participação é permanente e crescente durante os anos de governo dos generais, e ela gera uma nova estruturação do sistema político de tal forma que a burocracia passa a representar o papel de *locus* de produção da elite política e também de conciliação dos interesses das forças que disputam o poder político.

Essa nova configuração revelar-se-á, no dizer de Oliveiros Ferreira, num novo *ethos* a presidir as relações políticas no Brasil. Para ele, ao gerirem o Estado, as Forças Armadas aprendem o como fazer e transferem seu *ethos* para o interior do aparelho de Estado, de tal forma que estaremos sob um regime militar independentemente do governo ser castrense. Em suas palavras,

a continuarem [as Forças Armadas] nos postos de relevo que têm, imprimirão com muito maior rigor que no passado seu "ethos" burocrático e corporativo ao Estado e à sociedade. E, continuando onde estão, estarão cada dia mais, mais bem preparadas para o governo... (in *O Estado de S. Paulo*, 18.4.1994, p.A-4)

Um aspecto deixado de lado por nós, mas importante de ser mencionado, é a relação entre burocracia pública e privada no Brasil. Embora neste momento não faça parte de nossas pretensões analisar isso, é importante lembrar que os militares se fizeram presentes tanto na administração pública quanto nas empresas privadas. Mais especificamente, muitas vezes a passagem por cargos públicos funciona como um trampolim, ou como um estágio, para assegurar a ocupação de cargos em multinacionais. Porém, isso não é particular aos setores castrenses do Estado brasileiro – parece funcionar tanto para civis quanto para militares – nem se restringe ao governo militar.

## Participação militar na "Nova República"

Com a passagem do governo militar para um civil após vinte anos, de fato se nota, na composição ministerial, uma completa desmilitarização. Isto é, sob José Sarney, não se encontra nenhum militar ocupando postos ministeriais civis. Ainda assim, dos 27 ministérios e três secretarias, em seis há militares, exatamente nos cargos de ministros das Forças singulares, no EMFA, na chefia do SNI e da Casa Militar.

A necessidade de construir bases de sustentação no Congresso para superar o que no período parecia apontar para uma *crise de governabilidade* determinou a reforma que deu origem ao número alto de ministérios desse período. Também determinou a divisão partidária a que foi submetido esse ministério. De fato, excetuando-se os seis ministérios de ocupação militar, todos os demais são ocupados por membros do PMDB ou do PFL, tanto na primeira composição, herdada de Tancredo Neves, quanto na segunda, resultado da reforma promovida em 1987. Somente em 1989, assumem cargos no ministério pessoas não filiadas aos partidos, ainda que identificadas com eles – como no caso de Dorothéia Werneck, não filiada mas simpatizante do PSDB.

A percepção dos novos ocupantes do poder, diferente do defendido aqui, é que não houve uma transição da burocracia militar para a civil. O que aconteceu foi uma debandada por parte dos primeiros e a criação de um vazio a ser ocupado pelos civis. Assim se expressou Pedro Simon, escolhido para a pasta da Agricultura:

> O que o doutor Tancredo nem ninguém podia imaginar é que nós chegaríamos ao Palácio do Planalto – depois de lutar a vida inteira pelo restabelecimento da democracia – e que o encontraríamos *totalmente vazio*, aberto, sem um oficial-de-gabinete, um guarda, absolutamente ninguém. Depois de tanta luta, a gente podia pensar um milhão de coisas. Menos que o Palácio estaria vazio e que o ex-presidente sairia pelos fundos. (apud Couto, 1999, p.419)

A despeito disso, e de um ministério 100% civil, os militares não deixaram de participar das decisões. Pelo contrário, o crescimento do número de ministérios, e que não atingiu em nada os setores castrenses, serviu antes para pulverizar o poder dos civis e concentrar o dos militares. Como cuidaram de mostrar Quartim de Moraes et al. (1987), sob o governo civil desenvolve-se a *tutela militar*, tornando a situação melhor para os militares, pois esses poderiam exercer poder sem responder por este exercício. Trata-se, assim, de algo muito próximo ao que foi definido na nossa primeira Constituição como Poder Moderador: o imperador toma as decisões, mas são seus ministros que respondem por elas.

Quanto à participação da ESG, tomando-se a totalidade dos titulares das pastas, temos uma taxa de pouco mais de 9%. Isto é, dos 62 ministros de Sarney, seis freqüentaram a ESG, e entre esses conta-se apenas um civil, o professor Carlos Sant'Anna.

Com Fernando Collor, o primeiro civil eleito diretamente após tantos anos e esperanças, há uma tentativa de reduzir o poder militar por meio da transformação do *status* de alguns ministérios. É promovida uma nova reforma, mas dessa vez o resultado é a redução no número de ministérios, que passam a ser doze e sete secretarias. Entre os primeiros são mantidas as três pastas das Forças singulares. Porém, o SNI é transformado em Secretaria de Assuntos Estratégicos (SAE), cujo titular, Paulo Leone, é um civil da confiança presidencial; e tanto o EMFA como a Casa Militar deixam de ser ministérios.[12]

Do ponto de vista da composição ministerial e da participação da ESG, considerando-se apenas o primeiro ministério (sem a reforma de 1991), não há nenhum militar em postos civis e nenhum estagiário da Escola Superior de Guerra. Assim, o primeiro escalão do governo é civil em sua totalidade.

## Orçamento e participação militar

Outra maneira de avaliar a presença militar na administração pública, apontando para a *militarização* desta, é a análise global do orçamento da União, pois o orçamento deve refletir as prioridades governamentais. Quando tomamos esses dados, o que primeiro

---

12 As investigações que levaram ao impedimento de Fernando Collor fizeram crescer o desejo investigativo – que, como já afirmava Max Weber (1980), é uma das maiores armas do Legislativo em um regime democrático –, e, com ele, apresentaram-se várias Comissões de Inquérito, entre elas uma cujo objetivo foi investigar o narcotráfico, e cujos resultados ainda não tinham vindo a público quando da finalização deste texto. Todavia, as investigações já apontavam para a séria questão de como se organiza o crime no Brasil, capaz de penetrar nos altos postos de decisão do Estado, transformado-os em mecanismo de seu próprio desenvolvimento; também informavam que o crime estava mais organizado do que a própria burocracia pública. Nesse aspecto, cogitava-se inclusive a participação dessas organizações na "construção" do fenômeno Collor, o que significaria que eles "fizeram" o presidente da República. Essas suspeitas talvez expliquem, ao menos em parte, a "neutralidade" dos ministros militares durante todo o processo que culminou no impedimento do então presidente.

chamou atenção foi que se percebe claramente que há influência política sobre as verbas orçamentárias, o que é exemplificado pelas verbas destinadas a Defesa e Segurança. Nesse caso, há variações anuais na despesa fixada, mas esta apresenta uma elevação de quase dois pontos percentuais entre 1968-1969, cai menos de um ponto entre 1969-1970 para subir ao seu ponto mais alto, atingindo 15,97% em 1971.

Esse dado nos faz ver o quanto o discurso da defesa da ordem tocou o governo, bem como afirmar que de fato os movimentos de esquerda forneceram munição para que os locutores da ordem agissem. Contudo, aponta também para as dificuldades enfrentadas por Geisel e sua determinação em levar a cabo sua política distensionista, já que é a partir de seu governo que as verbas fixadas para Defesa e Segurança começam a cair, mantendo a tendência decrescente até 1987, ano no qual apresenta elevação de 2,56 pontos em relação ao ano anterior. Porém, os 7,54% a ela destinados não representam sequer 50% do montante atingido em 1971.

Essa avaliação se choca, entretanto, com as prioridades assumidas pelos vários governos militares, que elegeram justamente os setores infra-estruturais como a locomotiva do projeto econômico. É verdade que um grande volume de verbas era destinado aos setores de base, mas, conforme aponta Hayes (1998), não é isso que distingue governos militares de governos civis. Em suas palavras:

> a análise comparativa demonstra que as prioridades orçamentárias dos regimes democráticos e autoritários diferem pouco quanto à ênfase global. O desenvolvimento econômico foi prioritário em ambos os regimes e cada um deles dedicou os maiores fundos para esta área. O governo militar foi mais competente em impor sanções às clientelas políticas do que os governos civis, mas também os militares precisaram de suporte da infra-estrutura burocrática clientelística – ambos civis e militares – em certo grau. (p.229)

Os dados também sugerem, por sua vez, que havia interferência dos militares nos assuntos orçamentários. Diferente do que pensa Delfin Netto, como explicar que os percentuais indicados para o

## A MILITARIZAÇÃO DA BUROCRACIA 85

Ministério do Exército sejam maiores do que os da Educação justamente nos anos mais duros do período militar, período em que o ensino ganha *status* de prioridade social nos planos de governo, e ainda, no qual programas e reformas atingem essa área? Se somarmos a verba fixada para os três ministérios militares, fica claro que, se não havia uma determinação direta das Forças Armadas quanto às prioridades orçamentárias, então existiam uma compreensão e, mais, uma conivência muito grande entre os ministros da área econômica e as "necessidades" de segurança. Isso porque, em 1964, os três ministérios militares, desconsiderando-se o EMFA, receberam 16,29% das verbas fixadas, valor que sobe para 23,41% em 1965 (alta de quase sete pontos em um só ano!), para continuar oscilando em torno de 20% até atingir 38,94% em 1971, praticamente dezesseis pontos acima do Ministério dos Transportes, que recebe isoladamente o maior volume de verbas.

A despeito de o volume de verbas desses ministérios apresentar uma queda continuada a partir de 1973, os percentuais permanecem altos se comparados aos demais ministérios. Por exemplo, em nenhum momento, mesmo pós-1985, o percentual de despesas fixadas para os três ministérios militares é inferior ao do MEC, mesmo quando este passa a receber um volume de verbas maior, o que acontece a partir de 1982. Assim, numa escala decrescente temos, entre 1985 e 1988, em primeiro lugar, o Ministério dos Transportes, seguido pela soma dos três ministérios militares e, em terceiro, o Ministério da Educação.

Ainda em relação aos ministérios militares, a análise mostra que a mudança aponta, quando do retorno dos civis ao poder, para uma equanimidade maior entre eles. Expliquemos: o percentual de verbas destinadas a cada um deles é semelhante em 1964. A partir de 1965, as despesas fixadas para o Ministério do Exército são crescentes e bastante superiores às da Marinha e da Aeronáutica. Em 1971, quando se atinge o pico percentual de despesas fixadas, o somatório das verbas dos ministérios da Marinha e da Aeronáutica não chega ao patamar fixado para o Ministério do Exército (19,14% contra 19,80%). Em contrapartida, a partir de 1976, é possível notar um retorno aos padrões apontados em 1964, com o Exército tendo uma despesa fixada, ainda que superior aos da Marinha e Aeronáutica, próxima destes.

O que a análise do orçamento mostra é que houve um crescimento significativo das verbas destinadas aos setores militares a partir de março de 1964. Mais significativo ainda é o aumento da discrepância entre a Força de Terra e as duas outras, cujos ministérios recebem menos verbas, apontando para a importância do Exército relativamente às suas irmãs, o que apenas corrobora as diferentes percepções sobre a presença militar na política no Brasil: desde o advento da República, foi o Exército que assumiu papéis políticos, enquanto as outras duas Forças eram mais profissionais – o que não significa afastamento completo da arena pública, como já apontamos. Em poucas palavras, no caso do orçamento, houve um processo de *militarização* da administração, que aqui diz respeito justamente à influência exercida por esse setor da burocracia sobre as políticas adotadas, pois sem verbas não há política pública que se sustente, e entre as Forças Armadas foi o Exército que assumiu maior controle sobre as verbas.

O que toda a análise que fizemos até aqui mostra, em resumo, é que o Estado brasileiro tornou-se uma espécie de Leviatã acorrentado, na feliz imagem proposta por Sérgio Abranches (1978): nos anos militares, houve um incremento ainda maior nas áreas tomadas pelo governo na formulação de políticas públicas. Todavia, se o Estado, por um lado, tornou-se proprietário e responsável por um sem-número de empresas e áreas, o governo passou paulatinamente a ser inoperante nessas áreas de tal forma que, ao final dos governos fardados, esse governo já não respondia às necessidades de manutenção das políticas planejadas, daí o sucateamento apresentado sob a batuta civil e a facilidade com que se adotaram modelos econômicos que vêm transformando a administração pública em nada mais do que ventríloquo de interesses internacionais.

Certamente, o processo de constituição da burocracia pública brasileira e o desenvolvimento do modelo econômico adotado pelos vários governos entre 1964 e 1990 são bem mais complexos do que o aqui descrito. Entretanto, para as finalidades deste estudo, basta informar que o ônus do engessamento da máquina pública não deve ser unicamente creditado aos governos civis que sucederam os governos militares, pois uns e outros foram responsáveis por isso. O que não se pode cobrar dos segundos, e hoje mais do que nunca se deve exigir dos primeiros, é a falta de visão de futuro, de planejamento, de projeto de país.

# 3
# OS MILITARES
# NAS COMUNICAÇÕES

## As especificidades das Comunicações

### As ondas eletromagnéticas

Neste item, discutiremos algumas especificidades técnicas que envolvem o processo de comunicação. Sua importância é visualizada quando se nota que muitos acreditam que é a partir dessas especificidades que são definidos os meios de comunicação entre as pessoas. De fato, em alguma medida isso é verdade. Porém, as características físico-geográficas do meio não determinam mecanicamente qual o tipo de mecanismo de comunicação será utilizado. Elas apenas informam como deve ser administrado o espectro radioelétrico do ponto de vista das leis físicas, mas nada dizem a respeito da destinação de cada faixa desse espectro.

A comunicação por meio das ondas eletromagnéticas é relativamente recente. Seu desenvolvimento está relacionado com duas descobertas feitas no século XIX. A primeira aconteceu em 1864, quando o matemático inglês Clarck Maxwell descobre que a luz se propaga a uma velocidade de trezentos mil quilômetros por segundo. Vinte anos mais tarde, Heinrich Hertz realizou experiências que comprovaram a existência de oscilações eletromagnéticas, descobrindo, pois, as ondas de rádio. Mas foi somente em 1896 que os experimentos de Hertz tornaram-se aplicáveis, quando Guillermo Marconi consegue transmitir, sem a utilização de fios, mensagem entre dois pontos distantes entre si em cerca de dois quilômetros (código Morse).[1] As ondas utilizadas nessas experiências são chamadas *ondas amortecidas*, pois não possuem uma freqüência definida. São essas ondas que geram as interferências desagradáveis que interceptam as transmissões radiofônicas e que conhecemos como estática.

Se foi Marconi quem fez aplicar os estudos de Hertz, foi este último quem emprestou seu nome não só para os tipos de onda que descobriu, mas também para a sua principal característica e medida, a freqüência – que representa o número de vibrações ou ciclos que a onda sofre por segundo.

As ondas eletromagnéticas utilizadas em comunicações propagam-se em linha reta e com a velocidade da luz. A sua principal característica é a freqüência. As outras características das ondas hertzianas são sua amplitude – que mede a relação entre o meio e o ponto de equilíbrio da onda – e seu comprimento – que corresponde ao espaço (metros) percorrido pela onda durante um ciclo. Este é inversamente proporcional à freqüência. Assim, quanto maior for a freqüência e menor o comprimento da onda, tanto maior deverá ser a potência que gera o sinal de onda. Isso explica por que as estações em FM têm alcance tão limitado, e também por que a Empresa Brasileira de Telecomunicações (Embratel) , para garantir um serviço de telefonia com um mínimo de segurança, deve construir uma série de estações repetidoras (os "troncos"). Por tudo isso, as ondas de baixa freqüência não necessitam de repetidoras, enquanto as de UHF (*Ultrahigh Frequency*) necessitam de estações repetidoras, mas são

---

1 Um aspecto curioso da descoberta das transmissões radiofônicas é a controvérsia que existe quanto a quem e quando foi descoberta essas transmissões. Muitos creditam ao padre brasileiro Roberto Landall de Moura a primeira experiência de comunicação sem fios. Ele teria realizado experiências em 1893, em São Paulo, transmitindo do Mirante de Santana para a Avenida Paulista, em uma distância aproximada de oito quilômetros. Assim nascia o rádio (cf. Lobo, 1998; Tavares, 1997).

mais seguras do ponto de vista da quantidade e qualidade da informação transportada.

Como as ondas hertzianas são fenômenos físicos cujo comportamento está sujeito a uma série de interferências, e como são muitos os serviços que utilizam essas ondas para comunicação de sons e de dados, como a faixa destinada a cada estação de radiocomunicação ocupa uma freqüência e estas são limitadas, e considerando o aumento das estações de radiotelegrafia ao longo do século XX, tornou-se necessário dividir as faixas por grupos de freqüências, de forma a garantir todos os tipos de serviços de comunicação e também a qualidade das mensagens transmitidas. A primeira classificação das freqüências em faixas foi realizada em 1903 pelo engenheiro Lee Forest, a qual seguia as possibilidades de propagação dessas ondas. Essa classificação serviu de base para todas as convenções posteriores (Lobo, 1998), e, com base nela, convencionou-se a seguinte divisão dos grupos de freqüências, determinando, a partir de 1947, o seu uso:

Quadro 1 – Classificação de freqüência de onda

| Grupos de onda | Freqüência | Comprimento de onda (m) | Designação | Designação métrica | Utilização comum |
|---|---|---|---|---|---|
| Muito curtas | 3 a 30 kHz | Acima de 1.000 | VLF | Miriamétricas | Radiotelegrafia |
| Longas | 30 a 300 kHz | Acima de 1.000 | LF/OL | Quilométricas | Radionavegação, radiolocalização |
| Médias | 300 a 3.000 kHz | 1.000 a 100 | MF/OM | Hectométricas | Radiodifusão, radioastronomia |
| Curtas | 3 a 30 MHz | 100 a 10 | HF/OC | Decamétricas | Radiodifusão* |
| Muito alta | 30 a 300 MHz | 10 a 1 | VHF | Métricas | Radiodifusão, telefonia |
| Ultra-alta | 300 a 3.000 MHz | 1 a 0,1 | UHF | Decimétricas | Radiodifusão, telemetria |
| Superalta | 3 a 30 GHz | 0,1 a 0,01 | SHF | Centimétricas | Radiotelefonia |
| Extra-alta | 30 a 300 GHz | 0,01 a 0,001 | EHF | Milimétricas | Radiolocalização |

Fonte: Fossá (1994, p.13).
* A partir dessa faixa, as ondas são também utilizadas para comunicação entre a Terra e o espaço.

Quando da divisão das faixas de ondas de radiodifusão, convencionou-se que a freqüência de 143 kHz seria destinada exclusivamente para sinais de socorro (SOS). Embora o telégrafo (código Morse) não seja mais utilizado (a última transmissão foi feita em janeiro de 1998), essa faixa continua a ter esse mesmo uso, agora com sinais de voz.

## Aspectos históricos

O espectro das faixas de onda responde a leis físicas que têm validade universal, o que implica que sua administração siga esses critérios primários. Todavia, a destinação das faixas de onda não segue esse mesmo padrão, mas sim interesses que são definidos pelos países, daí cada um ter desenvolvido um sistema próprio.

Nossa referência básica, ao fazer essa pequena digressão, será o sistema de radiodifusão, pois esse tem, como característica, além das determinações técnicas, a necessidade econômica de cada emissora para se manter, envolvendo ainda a questão dos conteúdos transmitidos. Essa última característica, que podemos chamar de ideológica, particulariza-o em relação à telefonia. Isso não quer dizer que não façamos referência a esta última, apenas ela não será tratada de forma especial.

Desde as primeiras transmissões radiofônicas, nos anos da Primeira Guerra Mundial, o setor de Comunicações, em especial o de radiodifusão, foi sensível ao controle dos militares. Isso porque, além dos limitados conhecimentos sobre as ondas hertzianas, o setor castrense via o desenvolvimento da radiodifusão como uma ameaça à segurança nacional. Prova disso está no próprio desenvolvimento do setor, que ganha impulso exatamente nos períodos de conflito intenso entre os países. É o que mostra Nunes (1995):

> A disputa técnica, especialmente durante a Primeira Guerra Mundial, permite que o rádio se desenvolva de forma acelerada e, em menos de vinte e cinco anos da primeira transmissão, ele já começa a fazer parte do cotidiano internacional. Rapidamente, os Estados Unidos entram

# A MILITARIZAÇÃO DA BUROCRACIA 93

na concorrência, que obedece à linha da melhor performance técnica, e levam vantagem. Grandes conglomerados econômicos, como a Westinghouse, começam a exportar equipamentos transmissores para vários países, entre eles o Brasil.

Também o tipo de linguagem que domina o setor aponta para o domínio castrense: o termo inglês para radiodifusão é *broadcast*, que originalmente designava a "disseminação" das ordens do comando para a esquadra na Marinha americana, que passou a ser feita pelo rádio, incorporando, pois, o jargão (Machado, 1998).

Talvez isso explique por que o sistema de telecomunicações, incluindo a telefonia, foi organizado em todos os países como monopólio público e iniciou-se como atividade amadorística e filantrópica. Isso não implicou, entretanto, a adoção de um mesmo padrão de desenvolvimento do sistema de radiodifusão, mas dois modelos dos quais podem ser derivados os implantados no mundo todo.

No caso da Europa, o sistema que se desenvolveu a partir do imediato após Primeira Guerra Mundial foi marcado pela ancoragem técnica. Como o conjunto das ondas disponíveis era pequeno, e os países são muito próximos, a possibilidade de interferência entre as emissoras e destas nas transmissões consideradas prioritárias (telégrafo, marítima, militar) era real; o sistema de radiodifusão organizou-se com o monopólio público em que as emissoras ou pertenciam ao Estado ou funcionavam por concessão deste.[2]

Com isso, se solucionava não só o problema da manutenção da atividade radiofônica, como também se afastavam os temores de interferências prejudiciais às comunicações públicas e, finalmente, estabelecia-se o controle sobre o conteúdo dos programas irradiados... (Oliveira, 1990, p.102)

---

2 A concessão representa uma autorização dada pelo governo – que deveria ser feita por licitação pública – para que uma pessoa jurídica explore o serviço de telecomunicação (no caso aqui discutido limitado às estações de rádio ou televisão) em uma dada localidade, atualmente pelo prazo de dez anos para difusão sonora e quinze anos para televisão, prorrogáveis. Dentro do prazo de concessão, a concessionária instalaria a estação, pedindo autorização para entrar em funcionamento. Porém, a concessão não supõe o dever de instalação do serviço.

Nos EUA, ao contrário, e apesar das resistências por parte das Forças Armadas, surgiu um sistema comercial impulsionado pelas empresas de equipamentos radiofônicos (com a Westinghouse em primeiro plano), que já em 1925 dava lucros pela descoberta da publicidade, permitindo que as estações se firmassem de forma independente do Estado ou de organizações sociais. Isso não impediu, todavia, que as concessões fossem utilizadas politicamente, como apontaram as denúncias surgidas no governo Roosevelt. É isso que alavanca uma pesada campanha que levará à regulamentação do setor, estabelecendo um sistema de concessões por todos conhecido. Da maneira como foi organizado, isso permitiu a manutenção comercial do setor e até impulsionou sua oligopolização. Principalmente em relação à televisão, o modelo adotado levou à formação de grandes redes que, pelo menos em termos de programação, formam um oligopólio composto pela ABC, RCA e CBS. Os organismos estatais, como o FCC, que deveriam impedir isso, na verdade defendem os interesses das redes. Prova disso é que nenhuma emissora pertencente às três grandes redes foi cassada desde sua fundação.

Para a telefonia não foi muito diferente, tendo o monopólio da AT&T sido quebrado somente na década de 1960. Entretanto, nesse caso, muito mais do que no setor de radiodifusão, houve participação do setor público para prover a infra-estrutura de funcionamento e também para a regulamentação dos serviços que ultrapassavam a esfera local.

Na Europa, da mesma forma que prevaleceu um sistema público nos serviços de rádio, foi estabelecido, na maioria dos países, o monopólio estatal do sistema de telefonia. Já para as televisões, prevaleceu um sistema misto – as emissoras de TV nasceram como empreendimentos privados, mas que foram pouco a pouco nacionalizados a partir do pós-guerra –, o que implicou a convivência de redes públicas e privadas. Esse modelo, entretanto, entrou em colapso a partir dos anos 70, acompanhando a falência fiscal de muitos países, o que implicou o questionamento do modelo como um todo que ainda não encontrou um ponto final.

# A MILITARIZAÇÃO DA BUROCRACIA 95

No modelo europeu, uma exceção que merece ser mencionada é o modelo holandês, que levou às últimas conseqüências a "publicização" dos serviços de radiodifusão, notadamente o de TV. Nesse país, as redes são públicas e na sua programação convivem produções estrangeiras, estatais e locais. Nesse último caso, trata-se de programas feitos por entidades da sociedade civil que se supõe ter apoio em toda a comunidade.

A história da radiodifusão no Brasil é bastante tortuosa e seu modelo, apesar de nos seus primórdios assemelhar-se ao americano, foi uma construção semelhante à da Europa (Assis Fernandes, 1987). É bom lembrar que não houve uma transposição de modelos dos países centrais para o Brasil, pois, na verdade, os dilemas colocados se apresentaram simultaneamente para nós e para eles.

Como nos outros países, aqui também as telecomunicações sempre foram vistas como um monopólio do Estado. Isso não implicou, no entanto, que as atividades do setor fossem realizadas pelo setor público. Ao contrário, mesmo a regulamentação nessa área, como discutiremos mais à frente, foi tardia. Pode-se dizer, então, que muito do atraso do setor deveu-se à falta de iniciativa do setor privado em relação aos serviços de comunicação.

Também quanto à interferência e participação dos militares, o Brasil não fugiu à regra geral, mas talvez aqui a ingerência das Forças Armadas nas telecomunicações tenha sido maior e mais duradoura do que nos demais países. O melhor exemplo dessa participação está na própria composição da Comissão Técnica de Rádio (CTR), criada em 1931 e que controlou o setor de radiodifusão até 1962. Dos três membros que dela faziam parte, dois eram indicados pelos ministérios militares, e o seu presidente sempre foi um membro das Forças Armadas.

Os serviços telefônicos também se desenvolveram de modo semelhante, com a diferença que o controle da União foi muito mais normativo do que executivo. Nesse caso, os Estados e municípios tomaram para a si a responsabilidade em organizar o setor. Isso gerou um sistema heterogêneo e pulverizado que só não entrou em colapso porque o governo federal resolveu unificar as empresas a partir dos anos 60.

Considerando a evolução dos meios de comunicação no país, pode-se dizer que por aqui se desenvolveu um sistema misto, no qual convivem empresas publicas e privadas, mas bastante diferente do sistema europeu, pois inexistem grandes redes públicas nos serviços de radiodifusão, embora o Estado exerça controle bastante amplo no setor por meio de medidas diretas – como a manutenção de cessão de horários gratuitos para o governo nos meios de comunicação – ou indiretas – as verbas de propaganda das empresas estatais são essenciais à sobrevivência de várias emissoras.

No setor de telefonia, ao contrário do que acontecia nos seus primórdios, imperam a centralização e o controle público dos serviços. Isso foi importante não só porque proporcionou um avanço tecnológico sem precedentes (e foi feito basicamente em dez anos, entre 1964 e 1975), mas também porque permitiu, com isso, o desenvolvimento do setor industrial de eletrônica e microeletrônica no país, setor que foi impulsionado largamente pelo Estado:

> A criação de uma empresa estatal ... possibilitou o fornecimento de serviços de infra-estrutura básica, tarefa tradicional do Estado, e por outro lado, contribuiu para o desenvolvimento rápido de um setor industrial de bens de equipamento. A Telebrás, pela sua capacidade de gerar e centralizar recursos financeiros, assumiu uma função de investimento no setor industrial, que pôde se modernizar e se expandir a partir das encomendas de equipamentos ... O planejamento sistemático, utilizado como método de gestão pela *holding* e suas subsidiárias, proporcionou ao setor produtivo a redução das incertezas ambientais e a conseqüente organização de suas atividades industriais em melhores condições. (Maculan, 1981, p.178)

Em contrapartida, esse setor parece ser o mais sensível aos processos globais de desenvolvimento. Quiçá isso explique os motivos pelos quais os problemas surgem simultaneamente em países centrais e periféricos. Da mesma forma que no início do desenvolvimento dos meios de comunicação no mundo, atualmente se coloca para o Brasil, como também para o mundo, a necessidade de rever os modelos de suas comunicações. Por enquanto, seguindo os passos (fracassados) do neoliberalismo, o país tem simplesmente buscado manter os nichos do Estado encravados nas empresas privadas do setor, ao mesmo tempo que leva a cabo a venda das estatais. De todo modo, como esse processo ainda estava em andamento quando da redação deste texto, não é possível avaliar se, ao final, o modelo prevalecente para as telecomunicações se aproximará daquele vigente hoje na Europa – que passou por processo semelhante –, mas certamente já é possível dizer que ele cada vez mais se afasta do modelo norte-americano. Da mesma forma, já se pode dizer que o processo de privatizações, apostando na desregulamentação do setor, deve gerar problemas futuros, principalmente no que se refere à relação entre prestação de serviços e consumidores.

Em resumo, o que mostra este breve histórico do setor é que a forma de organização dos serviços de telecomunicações de um país não pode ser imediatamente deduzida das características assumidas pelo regime político ou pelo modo de produção dominante naquela sociedade. Isso não implica dizer que tais características não são importantes, mas o são somente quando tomadas em conjunto com uma gama de fatores, entre eles os fatores técnicos que são específicos a essa atividade.

## Aspectos jurídicos das Comunicações no Brasil

O aumento da faixa de freqüência e do interesse em sua utilização fez que surgisse a necessidade de disciplinar seu uso, como mostram as convenções sobre a divisão de grupos de freqüência. É assim que surge o direito de telecomunicações. A primeira legislação a respeito data de 1848 e trata da "publicização" do telégrafo na Europa.

O Brasil seguiu de perto todas as convenções internacionais, tendo aderido à União Telegráfica Internacional em 1877. Isso não implicou, entretanto, que a evolução das comunicações fosse acompanhada pelos legisladores brasileiros. Pelo contrário, "o setor de telecomunicações foi marcado por um processo de estruturação e organização administrativa bastante demorado, que se alongou por um período de quase um século..." (Maculan, 1981, p.19) É assim que o primeiro código a respeito do tema somente surge no Brasil em 1962, muito depois da instalação do telefone (1877), do rádio (1923) e da televisão (1950) no país. Isso não significa que não houvesse interferência legal no setor, apenas esta não era regular ou sistemática. A despeito de somente serem regulamentadas em 1962, por meio da Lei n.4.117, as telecomunicações merecem atenção do poder público, que as define, desde o Império, como uma atividade do Estado que poderia outorgar concessões. No aspecto legal,

> todas as Constituições brasileiras ... foram unânimes em determinar a competência da União para a exploração, direta ou por meio de concessão, dos serviços de radiodifusão, que podem ser exercidos por empresas privadas mediante concessão ou autorização, a prazo certo e a título precário. (Ortrriwano, 1982 p.107)

Com o advento da República, adota-se uma política descentralizada para o setor (telefonia), segundo a qual os Estados da federação adquirem o poder de regulamentar as concessões.

Em 1931, quando já haviam sido instaladas 29 estações de rádio no Brasil (Tavares, 1997, p.155), o presidente Vargas baixa o Decreto n.20.047 (27.5.1931) reafirmando o poder concedente da União na telecomunicações, definindo os serviços de radiodifusão como "de interesse nacional e de finalidade educativa", e que seriam controlados pelo Ministério da Viação e Obras Públicas, cuja competência nessa área se estende até 1967, quando é criado o Ministério das Comunicações.

No referente ao serviço de telefonia, apesar dos protestos do governo federal e da legislação em vigor, os Estados e municípios continuaram não só a conceder a exploração de redes para empresas particulares, como passaram eles próprios a instalar redes de telefonia no âmbito de sua competência administrativa. Conseqüentemente, e numa situação que perdura até os anos 60, o sistema de telefonia torna-se precário e confuso, sem a menor condição, por parte da União, de regulamentação técnica. A rede de telefonia no Brasil chega, assim, ao golpe de 1964 tendo como características básicas a insuficiência da rede e, onde ela existe, sua total ineficiência (Maculan, 1981).

Já a respeito da radiodifusão, o citado decreto criou a Comissão Técnica de Rádio (CTR) com a atribuição de regulamentar e regularizar o funcionamento das estações brasileiras, ainda que o poder final de decisão sobre cada concessão continuasse nas mãos do ministro (art. 32).

Cabia à Comissão apreciar os pedidos de concessão, avaliando se o requerente tinha capacidade técnica e financeira para atuar nesse mercado. Por isso, no artigo 29 ele estabelecia que "A Comissão Técnica de Rádio será composta de 3 técnicos em radioeletricidade, sendo um da Repartição Geral dos Telégrafos, designado pelo Ministro da Viação e Obras Públicas, um do Exército e um da Marinha, designados pelos respectivos Ministros."

Até o aparecimento do Código Brasileiro de Telecomunicações (CBT), em 1962, coube à CTR a regulamentação dos serviços no Brasil, o que redundou, segundo expressão de um de seus ex-membros que foi presidente da Associação Brasileira das Empresas de Rádio e Televisão (Abert), em um número muito grande de leis e regulamentos que tornava impossível aos concessionários se protegerem diante do arbítrio do poder concedente.[3]

Para os interesses deste trabalho, duas outras leis anteriores ao Código de 1962 precisam ser mencionadas. A primeira é a Lei n.2.597, de 12.9.1955, que estabelece as faixas de fronteira e zonas de defesa do país. O seu artigo 6º afirma: "São consideradas de interesse para a segurança nacional ... e) os meios de comunicação, como

---

3 A seguinte passagem é exemplo desse arbítrio: "Antes de brigar com Juscelino [Kubitscheck, então presidente da República], ele [Assis Chateaubriand] precisava obter do governo mais concessões de canais – e para isso dedicava especial atenção ao responsável pela área, o general Olímpio Mourão Filho, presidente da Comissão Técnica de Rádio do Ministério da Viação e Obras Públicas (repartição que anos depois mudaria de nome, passando a se chamar Departamento Nacional de Telecomunicações – Dentel). Durante o namoro com Mourão, Chateaubriand convidou-o para compartilhar (junto com Herrmann Gohn, embaixador da Áustria no Brasil, e Archie Dollar, diretor da RCA Victor) um de seus mais recentes *hobbies*: as viagens à Amazônia..." (Morais, 1997, p.575).

rádio, televisão, telefone e telégrafo". Instituia-se, assim, a necessidade de ouvir o Conselho de Segurança Nacional nas concessões dos meios de comunicação. É importante mencionar, também, a Lei n.3.654, de 4.11.1959. Por meio desta, criam-se as Armas de Comunicações e Engenharia no Exército. Se antes já eram os militares que dominavam o setor, pois suas escolas forneciam os especialistas para a área, bem como dominavam legalmente o CTR, agora ganhavam maior legitimidade para interferir no processo, pois as primeiras escolas de engenharia de comunicação não vinculadas às Forças Armadas somente irão surgir no Brasil na década de 1960. Até lá, são os engenheiros militares que dominam o saber técnico na área.

Jânio Quadros, no curto período que esteve à frente do governo, procurou interferir no setor de Comunicações dando impulso aos estudos que culminaram na promulgação do CBT. A mudança mais importante é feita por intermédio do Decreto n.50.840, que modifica os prazos de concessão de dez anos para três e, ao mesmo tempo, transfere do Ministério da Viação e Obras Públicas para o Ministério da Justiça a jurisdição sobre a área de telecomunicações – o que equivalia a dar um caráter mais político e menos técnico para o setor.

## O Código Brasileiro de Telecomunicações

É a partir da promulgação do CBT que o setor ganha uma política independente do arbítrio do poder constituído. Se antes do código, as concessões e sua manutenção dependiam largamente do humor do presidente da República e de seus auxiliares; depois de 1962, com o setor regulamentado, as medidas tomadas deviam seguir, ao menos formalmente, a letra da lei.

Talvez isso explique a dificuldade de regulação do setor, pois representava, sob dado ponto de vista, a perda de poder por parte do Executivo Federal. Um exemplo disso é que, votada a lei, João Goulart apôs-lhe 52 vetos. Entre estes, o mais significativo, porque exemplifica o desejo de manter o poder sobre os meios de comunicação, talvez tenha sido o do § 3º do artigo 33, que estabelecia os prazos de concessão:

Os prazos de concessão e autorização serão de 10 (dez) anos para o serviço de radiodifusão sonora e de 15 (quinze) anos para o de televisão, podendo ser revogados por períodos sucessivos e iguais, se os concessionários houverem cumprido todas as obrigações legais e contratuais, mantida a mesma idoneidade técnica, financeira e moral e atendido o interesse público. (art. 29, letra x)

O poder do Congresso (ou a falta de bases políticas de Jango) não foi menor, pois todos os vetos presidenciais foram derrubados pelo Congresso por um bem montado *lobby* que envolvia empresários do setor, o Estado Maior das Forças Armadas e partidários da UDN (Benevides, 1985, p.104).

O CBT, que vigora até hoje, além de estabelecer os prazos de concessão (art. 33), criou o Conselho Nacional de Comunicações (Contel) (art. 14), subordinado diretamente à Presidência da República e a quem competia normalizar e fiscalizar o setor, assentando as bases para um sistema nacional de comunicações, previa uma empresa operadora para o setor – a Embratel (art. 42) – e estabeleceu os recursos para o setor com a criação do Fundo Nacional de Telecomunicações (art. 51). Também inovou quanto à participação do Legislativo na regulamentação do setor instituindo que o Contel teria a seguinte composição: o diretor do Departamento dos Correios e Telégrafos; três membros indicados pelos ministros da Guerra, Marinha e Aeronáutica (membros estes que não precisam licenciar-se de suas atividades, mas ao contrário, segundo o art. 22 da Lei, são considerados "no exercício pleno de suas funções militares"); quatro membros indicados pelos ministros da Justiça, da Educação, das Relações Exteriores e da Indústria e Comércio; *três representantes dos três maiores partidos* com assento na Câmara dos Deputados; pelo diretor da empresa pública que o CBT instituiu; e, finalmente, pelo diretor geral do Departamento Nacional de Telecomunicações (art. 15).

Em contrapartida, o CBT manteve o poder de outorga de concessão nas mãos do presidente da República (art. 34, § 1º), exceto os de alcance local, que seriam permitidos pelo Contel (art. 33, § 5º), bem como a "Hora do Brasil" (art. 38, letra e), que havia sido criada pelo Estado Novo.

O CTB passa a funcionar de fato somente a partir de maio de 1963, quando da sua regulamentação geral (Decreto n.52.026, de 20.5.1963). É nessa regulamentação que se estabelece o funcionamento do Contel e de seu órgão fiscalizador, o Departamento Nacional de Telecomunicações (Dentel) (art. 17); classificam-se os serviços (art. 4°) e as competências para exploração (art. 7° e 8°).

Se, do ponto de vista da legislação, tudo estava feito, a estruturação do setor atravessou o governo militar, levando dez anos para ser constituída, acompanhando as contradições do regime e influenciada pelas oscilações do crescimento econômico do período. "A participação no uso de um satélite internacional (1965), ao lado da constituição de um sistema de troncos de microondas (1969-1973), permitirá, finalmente, a interligação de todo o país através de telefone e televisão" (Oliveira, 1990, p.158). A culminância dessa política, todavia, apresenta-se com a criação do Ministério das Comunicações, em 1967; da Telebras, em 1972, e da Radiobrás, em 1975.

Os governos militares introduziram algumas modificações no CTB. Essas relacionavam-se com a liberdade de expressão (Lei n.5.250, de 9.2.1967, conhecida como Lei de Imprensa), para restringi-la, e do Decreto-Lei n.236 (de 28.2.1967), que modificou alguns artigos do CTB, no intuito de produzir uma ainda maior centralização do setor. Entretanto, a despeito do significado que teve para toda a nação, as mudanças foram, para a área de telecomunicações, tópicas e reforçadoras do sentido adotado pela legislação de 1962.

Já do ponto de vista do controle sobre as telecomunicações, o setor se sofisticou bastante, encontrando seu ponto alto em 1982 com a implantação da Rede Nacional de Radiomonitoragem (Renar), composta por oito estações fixas e dezessete móveis, que são responsáveis pelo monitoramento do setor no território nacional (Oliveira, 1996).

Outra modificação do CTB, esta mais significativa, foi introduzida já na vigência do governo civil, por meio da Constituição Federal de 1988. As medidas adotadas por ela visaram superar as restrições à liberdade de expressão (art. 5° e 220); regular o tipo de informação veiculado pelas emissoras e sua propriedade (art. 221 e 222) e, o que é mais importante, dividir o poder de controle sobre as concessões entre os poderes Executivo e Legislativo (art. 223 e 224). Nesse aspecto, ainda que mantenha nas mãos do Executivo o poder de outorga de emissoras, cabe não só ao Congresso apreciar esses atos, como também lhe compete as renovações, enquanto o cancelamento fora de prazo somente pode ser efetivado pela Justiça. No referente à transmissão de dados e correspondência, a Carta de 1988 repetiu as leis anteriores, mantendo o monopólio nas mãos da União, mas permitindo a execução dos serviços por meio de concessões (art. 21 e 22)

Do ponto de vista prático, as mudanças introduzidas pela Constituição tiveram como efeito a redução da probabilidade de uso político das concessões por parte do presidente em exercício, na medida em que diluiu a capacidade de concessão entre ele e o Congresso.

É preciso considerar, entretanto, que o controle do Estado sobre os meios de comunicação ultrapassa a simples formalidade da lei. Ele acontece por meios indiretos, como concessões de empréstimos – já que o governo tem influência direta sobre o sistema financeiro, além de os bancos oficiais serem os principais promotores de empréstimos –, ou sistema de publicidade – o desenvolvimento brasileiro após 1964 fez do Estado um grande empresário e um dos principais anunciantes da imprensa –, ou ainda por isenção fiscal e taxas subsidiadas de importação – os equipamentos necessários à modernização da *mídia* são, normalmente, importados etc. (Mattos in Melo, 1985).

Cabe aos engenheiros de telecomunicações, a partir dos critérios físicos, legais e geográficos, estudar e, do ponto de vista técnico, definir as faixas em que cada emissora de sinais sonoros pode operar para não gerar desconforto (interferência) para os ouvintes. É somente com base nesses critérios que todo o sistema funciona adequadamente. E são esses fatores que fornecem os limites para a utilização *política* das telecomunicações.

## As concessões como política governamental

Conforme discutido anteriormente, a utilização das concessões de estações e serviços de telecomunicações como moeda de troca no mundo da política encontra limites técnicos e também no próprio comportamento dos atores envolvidos nas disputas governamentais.

Em outras palavras, além das fronteiras tecnojurídicas, a questão que está embutida na gestão do setor de comunicação envolve a disputa por prestígio a partir do controle de um setor sensível às escolhas políticas, e também descreve as escolhas daqueles que estão no poder, sendo o resultado de uma trama que espelha a política desse mesmo governo.

Nesse sentido, a proposta aqui é discutir como essa política reflete nas concessões de rádio e televisão no período compreendido entre 1961-1992. A resposta que perseguimos diz respeito às possíveis mudanças nos programas governamentais entre poder civil e poder militar, e, mais, se é possível perceber a constituição de uma política pública conseqüente para este setor que reflita, ainda que indiretamente, as expectativas de integração nacional, objetivo explícito de vários governos militares.

Para a análise, utilizamos duas séries de dados. A primeira diz respeito às estações de rádio e televisão existentes no país entre 1967-1985 que são apresentadas por unidade da federação. A segunda série de dados descreve as outorgas de estações de rádio e televisão, por unidade da federação, no período de 1961 a 1992.[4] Infelizmente, não podemos fazer uma análise global porque os dados são incompatíveis.

Embora, à primeira vista, os dados referentes às outorgas pudessem ser produto da diferença entre as estações existentes entre um ano e outro, isso não acontece não só porque as fontes são diferentes, mas também porque nem sempre uma concessão de faixa de onda se transforma em uma estação de telecomunicações em funcionamento, e isso sem fugir às determinações legais. Dessa forma, uma concessão pode ser cassada antes mesmo de ser conhecida pelo público, jamais

---

4 Esses dados foram conseguidos junto ao Processamento de Dados do Senado (Prodasem), pelo empenho de Tota e o auxílio de Iara Beleli, a quem agradecemos. Ao compará-los com os que freqüentemente aparecem citados pela imprensa, notamos que há disparidades, mais uma razão para não compararmos fontes diferentes.

fazendo parte, então, das estações existentes (em funcionamento) apresentadas pelas estatísticas do IBGE. Assim, considerando a incompatibilidade entre os dados, cada série é apresentada como representativa de alguns aspectos da "política" das comunicações no Brasil. No caso dos dados sobre estações existentes (Tabelas 1 e 2), pretende-se descrever alguns poucos aspectos do desenvolvimento regional de estações de rádio e televisão no Brasil. O período enfocado não responde a uma escolha pessoal, mas foi o possível de ser apreciado em acordo com os dados descritos pelo IBGE, a fonte utilizada. Infelizmente, as estatísticas no Brasil não têm continuidade, desestimulando, assim, análises abrangentes.

Conforme o *Anuário Estatístico do Brasil*, as informações do período anterior a 1965 relativas à radiodifusão resumem-se na apresentação do número de estações de rádio em funcionamento no país, divididas entre municípios da capital e municípios do interior. Para a fase posterior a 1985, as informações são ainda menos significativas, não existindo a possibilidade de comparação com os dados anteriores.

Apresentamos somente os dados agregados, isto é, não divididos por faixa de onda ou potência, para facilitar a leitura das tabelas. Entretanto, esses dados estão disponíveis para o período entre 1965 e 1981. Para 1985, há informações a respeito da "dependência administrativa", se federal, estadual ou municipal, mas não a respeito das faixas de onda.

Apesar de disponíveis, não se utilizam os dados referentes a 1965-1966, porque, em uma primeira análise, há grandes discrepâncias entre eles, notadamente em relação às estações de televisão. Não é apresentada toda a série (de 1967 a 1985) porque nem todos os dados estão disponíveis.[5]

---

5 Reforçamos que trabalhar com dados sobre concessão de rádio e televisão é difícil e sempre provisório, porque, no jogo entre governo e empresários e destes entre si, muitas concessões jamais se efetivam na prática, outras têm à sua frente testas-de-ferro, há ainda os que querem a concessão para vendê-la sem jamais regularizar a situação e, principalmente, porque o próprio ministério manipula tanto esses registros e dados que até mesmo seus técnicos têm dificuldade em fazer uma análise global do setor (ver Herz, 1987).

Já os dados relativos às concessões (Tabelas 3 e 4) oferecem maiores possibilidades, podendo apontar quais as preocupações que regiam as decisões governamentais na área de telecomunicações, respondendo, com maior precisão, a questões relativas às pretensões geopolíticas, econômicas ou clientelísticas que envolvem o comportamento dos atores nessa arena.

Na medida em que os dados são apresentados de forma desagregada, registrando o tipo de concessão e sua localização geográfica (ainda que não nominal), a partir deles é possível avaliar com maior precisão do que aqueles fornecidos pelo IBGE se existia uma política traçada pelo governo, como este fazia uso de um bem como as estações de rádio e televisão, se as cassações, por exemplo, eram fruto de um programa ditado pelos militares etc.

Fazemos uso somente dos dados relativos às concessões de rádio e televisão, não incluindo o setor de telefonia, porque nesse último caso, além de ter-se reorganizado durante o período englobado pela pesquisa, o setor está estruturado a partir das empresas de telefonia estaduais ou regionais que, embora respondam a uma política centralizada na Embratel, determina a organização do sistema de forma descentralizada. Trabalhar com dados relativos ao setor de telefonia exigiria, portanto, uma pesquisa em cada uma das empresas, o que está para além de nossas pretensões.

Além do mais, conforme já explicitamos em diferentes oportunidades, nosso objetivo aqui não é o estudo das Comunicações, mas sim da ação do governo militar sobre as políticas públicas, funcionando o setor de telecomunicações como um exemplo dessa atuação, e não o contrário.

### Geopolítica das comunicações

A partir da análise das Tabelas 1 e 2 apresentadas em seguida, é possível responder com segurança à questão: Qual a participação dos militares na política de comunicação brasileira? E mais: Qual o sentido dessa participação?

Uma das hipóteses que podem exemplificar essa participação diz respeito à segurança territorial. Considerando o discurso esguiano como representativo, a manutenção da integridade territorial e a integração nacional são os dois primeiros objetivos nacionais permanentes (ESG, 1980; Comblin, 1978). Estes são garantidos por meio do estabelecimento de vias de comunicação (estradas) e da vivificação das fronteiras, o que poderia ser facilitado por um eficiente programa de telecomunicações.

Corrobora essa visão o discurso geopolítico – de resto, traduzido pela ESG e por seu principal expoente, Golbery do Couto e Silva (1981) – que prevaleceu no Brasil durante o governo autoritário e que apregoava a construção do Brasil como potência hegemônica regional (Miyamoto, 1995), o que implica uma política desenvolvimentista agressiva em relação aos seus vizinhos, bem como que os projetos e obras, incluindo o setor de Comunicações, perseguiam essa finalidade (subordinar os países limítrofes da América do Sul à esfera de influência brasileira).

Deve-se considerar também que houve um aumento das preocupações governamentais com a fronteira norte do país a partir dos anos 80, o que pode ser corroborado pela nomeação de um adido militar para o Suriname em 1980 (Miyamoto, 1985, p.277).

Tudo isso, para a área de telecomunicações, traduzir-se-ia em um crescimento das concessões de estações nas faixas de fronteira, implicando aumento progressivo das estações nesses locais.

Pelos dados da Tabela 1, vemos que há um crescimento do número de estações no Brasil no período considerado. Mas, pelo menos em termos de estações de rádio, este é maior nos anos 80, quando estávamos sob um governo civil. Além disso, o número de estações de rádio existente nas áreas fronteiriças é bastante pequeno, e seu crescimento absoluto é igualmente insignificante. No Acre, por exemplo, acusam-se três estações em funcionamento em 1967, número que sobe lentamente e chega a apresentar queda entre 1978 e 1981, até atingir treze estações em 1985. Somos, então, levados a crer que não existe nenhuma relação entre a "política" de comunicações e a participação militar nesta.

*Tabela 1* – Estações de rádios e de televisão existentes no Brasil por unidade da Federação (1967-1985)

| SINAL UF | 1967 RD | 1967 TV | 1969 RD | 1969 TV | 1971 RD | 1971 TV | 1978 RD | 1978 TV* | 1981 RD | 1981 TV* | 1985 RD | 1985 TV* |
|---|---|---|---|---|---|---|---|---|---|---|---|---|
| RO | 3 | - | 2 | | 3 | | 4 | | 9 | | 13 | |
| AC | 3 | - | 4 | | 4 | | 7 | | 6 | | 9 | |
| AM | 8 | | 9 | 1 | 7 | 1 | 12 | | 19 | | 25 | |
| RR | * | * | 1 | | 1 | | 2 | | 2 | | 4 | |
| PA | 12 | 2 | 12 | 2 | 13 | 2 | 13 | | 17 | | 31 | |
| AP | 1 | | 4 | | 4 | | 2 | | 3 | | 5 | |
| MA | 10 | 1 | 10 | 1 | 10 | 2 | 11 | | 15 | | 17 | |
| PI | 9 | | 9 | | 9 | | 9 | | 12 | | 19 | |
| CE | 25 | 1 | 26 | 1 | 25 | 2 | 27 | | 43 | | 52 | |
| RN | 14 | | 12 | | 11 | | 12 | | 14 | | 19 | |
| PB | 11 | 1 | 11 | 1 | 11 | 1 | 12 | | 16 | | 27 | |
| PE | 32 | 2 | 26 | 3 | 29 | 3 | 30 | | 34 | | 40 | |
| AL | 8 | | 9 | | 8 | | 10 | | 12 | | 14 | |
| SE | 6 | | 6 | | 7 | 1 | 8 | | 9 | | 9 | |
| BA | 31 | 1 | 34 | 2 | 28 | 1 | 35 | | 46 | | 63 | |
| MG | 114 | 6 | 121 | 7 | 125 | 6 | 133 | | 152 | | 189 | |
| ES | 11 | 1 | 11 | 1 | 11 | 1 | 9 | | 14 | | 22 | |
| RJ** | 80 | 6 | 80 | 5 | 73 | 3 | 64 | | 73 | | 100 | |
| SP | 254 | 8 | 262 | 8 | 263 | 8 | 268 | | 326 | | 387 | |
| PR | 91 | 3 | 98 | 5 | 106 | 5 | 122 | | 160 | | 178 | |
| SC | 61 | | 62 | 1 | 65 | 2 | 71 | | 60 | | 112 | |
| RS | 119 | 3 | 123 | 6 | 128 | 5 | 138 | | 177 | | 216 | |
| MT*** | 16 | 1 | 19 | 2 | 19 | 3 | 27 | | 25 | | 60 | |
| GO | 33 | 2 | 33 | 2 | 37 | 2 | 31 | | 37 | | 55 | |
| DF | 7 | 3 | 10 | 3 | 11 | 4 | 10 | | 10 | | 14 | |
| BRASIL | 959 | 41 | 994 | 51 | 1.008 | 52 | 1.067 | | 1.291 | | 1.680 | |

Fonte: IBGE, *Anuário Estatístico do Brasil*, 1967-1986.
* Dados não disponíveis.
** Inclui, até 1966, também os dados para a Guanabara.
*** Inclui Mato Grosso e Mato Grosso do Sul (a partir de 1977).

Quando, contudo, se atenta para o crescimento percentual entre 1967 e 1985 (Tabela 2), verifica-se que os maiores crescimentos acontecem nos Estados que estão na faixa de fronteira norte, parti-

A MILITARIZAÇÃO DA BUROCRACIA 109

cularmente naquelas regiões com estatuto de território (até 1988). Assim, o Amapá apresenta um crescimento de 400% no período, sendo seguido por Rondônia (333%) e Roraima (300%).

Tabela 2 – Número e crescimento de estações de rádio por unidades da Federação (1967-1985)

| UF | 1967 | 1969 | 1971 | 1978 | 1981 | 1985 | 85/67%* |
|---|---|---|---|---|---|---|---|
| RO | 3 | 2 | 3 | 4 | 9 | 13 | 333% |
| AC | 3 | 4 | 4 | 7 | 6 | 9 | 200% |
| AM | 8 | 9 | 7 | 12 | 19 | 25 | 200% |
| RR | – | 1 | 1 | 2 | 2 | 4 | 300% |
| PA | 12 | 12 | 13 | 13 | 17 | 31 | 158% |
| AP | 1 | 4 | 4 | 2 | 3 | 5 | 400% |
| MA | 10 | 10 | 10 | 11 | 15 | 17 | 70% |
| PI | 9 | 9 | 9 | 9 | 12 | 19 | 111% |
| CE | 25 | 26 | 25 | 27 | 43 | 52 | 108% |
| RN | 14 | 12 | 11 | 12 | 14 | 19 | 35% |
| PB | 11 | 11 | 11 | 12 | 16 | 27 | 145% |
| PE | 32 | 26 | 29 | 30 | 34 | 40 | 25% |
| AL | 8 | 9 | 8 | 10 | 12 | 14 | 75% |
| SE | 6 | 6 | 7 | 8 | 9 | 9 | 50% |
| BA | 31 | 34 | 28 | 35 | 46 | 63 | 103% |
| MG | 114 | 121 | 125 | 133 | 152 | 189 | 65,7% |
| ES | 11 | 11 | 11 | 9 | 14 | 22 | 100% |
| RJ** | 80 | 80 | 73 | 64 | 73 | 100 | 25% |
| SP | 254 | 262 | 263 | 268 | 326 | 387 | 52,3% |
| PR | 91 | 98 | 106 | 122 | 160 | 178 | 95,6% |
| SC | 61 | 62 | 65 | 71 | 60 | 112 | 83,6% |
| RS | 119 | 123 | 128 | 138 | 177 | 216 | 81,5% |
| MT*** | 16 | 19 | 19 | 27 | 25 | 60 | 275% |
| GO | 33 | 33 | 37 | 31 | 37 | 55 | 66,6% |
| DF | 7 | 10 | 11 | 10 | 10 | 14 | 100% |
| BRASIL | 959 | 994 | 1.008 | 1.067 | 1.291 | 1.680 | 75,1% |

Fonte: IBGE, Anuário Estatístico do Brasil, 1967-1986. Apresentamos os dados somente para as estações de rádio porque os números referentes às estações de televisão são irrelevantes, não permitindo uma avaliação precisa.
– Dados não disponíveis.
* Refere-se ao crescimento percentual bruto, isto é, à diferença entre 1967 (base 100%) e 1985.
** Inclui, até 1966, também os dados para a Guanabara.
*** Inclui Mato Grosso e Mato Grosso do Sul (a partir de 1977).

Poder-se-ia, assim, afirmar que existia uma preocupação com a segurança nacional territorial, e, portanto, o governo no período buscou implementar projetos para fazer aumentar as comunicações rápidas no país, estimulando a criação de estações nas regiões próximas às fronteiras. Essa afirmação é corroborada, também, quando se nota que no Mato Grosso o crescimento das estações apresentado foi de 275%, maior do que o do Acre e do Amazonas (que apresentaram 200% de crescimento), o que refuta o aumento da preocupação com a fronteira norte, mas reforça a visão de estabelecimento de uma relação de hegemonia-subordinação com os países da fronteira oeste.

No caso do Mato Grosso, deve-se considerar também que a região foi território de expansão geográfica (populacional) no período pesquisado, o que influenciou o governo na expansão das telecomunicações para lá. Aqui a hipótese de integração nacional como parâmetro de política pública é reforçada.

Contra essa análise, pesaria o fato de o crescimento no número de estações de rádio apresentado pelos Estados do sul do país – região de fronteira historicamente considerada estratégica pelo Brasil, principalmente pela possibilidade de conflito entre Brasil–Argentina em razão da luta por hegemonia regional – era bastante menor do que aquele apresentado pelo norte, respectivamente 95,6%, 83,6%, e 81,5% para Paraná, Santa Catarina e Rio Grande do Sul. Além disso, nessa região o número de estações é bastante maior, além de contarem também com estações de televisão (Tabela 1), caso em que, apesar de os dados restringirem-se aos anos intermediários aos aqui considerados, têm seu número dobrado.

As análises correntes tendem a ressaltar não a preocupação castrense com a questão da segurança de fronteiras. Pelo contrário, elas invariavelmente vão no sentido de afirmar que a política do governo militar para as Comunicações privilegiava a *integração nacional* por meio da "interiorização" dos meios de comunicação de massa.

Uma análise apressada tenderia a confirmar essa tese, pois, de alguma forma, as unidades da Federação que apresentaram maior crescimento de transmissores são também as mais isoladas. Entretanto, quando olhamos para o todo, notamos que não existe uma relação direta e imediata entre crescimento de radiotransmissores e isolamento regional. Estados como Rio Grande do Norte e Sergipe, por exemplo, apresentam crescimento das estações menor do que o do Brasil, e não são exatamente regiões nacionalmente integradas no período em apreço.

Assim, os dados coligidos não permitem confirmar ou refutar tais análises. O mais provável, com base somente nas tabelas apresentadas, é que prevalecia a falta de uma política coerente para o setor, seja ela determinada ou não pelos atores políticos fardados. Não foi possível encontrar uma lógica para determinar os níveis de crescimento das estações no período em que ele acontece, ou o decrescimento apresentado em alguns casos. Além disso, como os dados referem-se ao período autoritário, ainda que ao final houvesse um civil no governo (1985), com base neles é muito difícil dizer que as flutuações verificadas fossem produto de um projeto elaborado pelas Forças Armadas.

Uma possível explicação, que poderia apontar para o desenvolvimento de uma política pública nessa área, é que a instalação das emissoras responde ao interesse comercial. O grande número de estações de rádio em São Paulo, seguido por Minas Gerais, aponta nessa direção. Porém, ao analisarmos o número de estações no Rio de Janeiro, pioneiro nesse tipo de serviço e importante Estado da Federação em termos políticos e mercadológicos, vemos que também essa não é uma explicação válida, pois o volume de estações não é proporcional à posição estratégica do Estado – quinta posição no início da série, caindo para sexta ao final –; além disso, o crescimento do número de transmissores apresentado ao longo do período é um dos menores (Tabela 2).

No que se refere à implantação de estações de televisão, apesar de termos dados somente para uma pequena parte do período, é razoável supor, entretanto, que ela seguiu o modelo comercial, tendo sua implantação nas regiões com maior potencialidade de consumo, e, portanto, que ofereciam maior lucratividade aos seus proprietários.

Em resumo, a análise das tabelas apresentadas leva-nos a afirmar que não havia uma política ditada pelas Forças Armadas no que se refere à radiodifusão. Nessa área, a atuação militar era indireta e dirigida para outros objetivos: desenvolvimento da infra-estrutura – daí datar do período a implantação da centralização no setor de telefonia e das empresas estatais de controle das Comunicações (Embratel, Telebras) e controle social –, censura à imprensa.

## Concessão técnica como concessão política

Se pelos dados fornecidos pelo IBGE não é possível avaliar como se processou a participação militar no desenvolvimento das políticas públicas, os dados coligidos pelo Senado Federal oferecem maiores possibilidades, pois traduzem de perto como o governo se comportou ao longo do período. Isso porque aqui estamos trabalhando com as outorgas das concessões, o que era, até 1988, prerrogativa exclusiva do presidente da República.

A questão que queremos avaliar aqui continua sendo a mesma do item anterior, isto é, qual a participação dos militares na formulação e implementação de políticas públicas no Brasil no setor de telecomunicações. Também trabalhamos com as mesmas hipóteses, que podemos chamar de esguiana e geopolítica.

Pela hipótese geopolítica, as concessões de estações de telecomunicações deveriam responder à necessidade de integração do país. É verdade que há outras políticas governamentais que se prestam melhor a esse tipo de objetivo, sendo o caso mais forte o do setor de transportes – na literatura são chamadas de políticas de comunicação, pois que respondem exatamente a esse aspecto no referente à integração nacional: "um sistema de comunicações [viário] eficiente torna possível atingir qualquer ponto do país, em um tempo relativamente curto, protegendo os locais mais sensíveis, principalmente aqueles situados ao longo das fronteiras internacionais, e que possam colocar em risco a soberania nacional..." (Miyamoto, 1995, p.147-8) –, e que o Poder Público possui meios de manter a troca de informações nas regiões mais afastadas do país fazendo uso de sistemas de comunicação não comerciais/convencionais.

A MILITARIZAÇÃO DA BUROCRACIA 113

A hipótese geopolítica alia uma visão técnica com uma questão de segurança, o que deveria falar mais alto aos militares. Por esse caminho, as regiões menos desenvolvidas e mais afastadas receberiam um volume maior de concessões, ou pelo menos seria possível perceber um fluxo contínuo de concessões para tais localidades. Assim, deveria haver uma concentração das concessões em Estados da Federação como Roraima, por exemplo. Porém, os dados da Tabela 3 não parecem apontar nessa direção.[6]

As regiões que menor número de estações de rádio recebem, independentemente do governo, são Amapá e Roraima, seguidas do Acre e do Distrito Federal – este último não pode ser considerado região não-integrada. Em contrapartida, a única concessão feita pelo presidente Médici contemplou o Amazonas – o que alimentaria a hipótese geopolítica. Deve-se considerar, entretanto, o significado do estabelecimento de estações de telecomunicações nessas regiões. É sabido que os Estados amazônicos (Acre, Rondônia, Roraima, Amazonas) não têm população que comporte um elevado número de estações, ainda que o critério de integração nacional seja o regente da política pública para o setor.

Considerando todo o período de análise, o Mato Grosso foi o Estado que mais recebeu outorgas de estações de rádio. Também chama a atenção o grande volume recebido pelo Piauí. Destaque-se, contudo, que tanto no caso do Mato Grosso quanto no do Piauí as concessões foram feitas no final do governo militar, e houve uma alta concentração de concessões no período José Sarney: respectivamente, do total de 71, 34, e do total de 40, 24 se deram nesse governo.

---

6 Os dados apresentados a seguir são agregados por governo, no qual aparecem somente o número de concessões de rádio (Tabela 3) e televisão (Tabela 4) e não os relativos às cassações ou o crescimento de cada um. Mesmo assim, isolamos o ano de 1988, no qual foram feitas mudanças substanciais na Carta Constitucional então em discussão. Como discutiremos a seguir, assim procedemos por entender que os números podem apontar para alguma forma de política clientelística, reforçando a idéia de convivência entre o moderno e o arcaico no processo político nacional.

Tabela 3 – Total de outorgas de estações de rádio por unidade da Federação e governo*

| UF | J.G. | C.B. | C.S. | E.G.M. | E.G. | J.B.F. | 1988 | J.S. | F.C.M. |
|---|---|---|---|---|---|---|---|---|---|
| AC |  | 1 |  |  |  | 4 |  | 3 |  |
| AL | 1 | 2 |  |  | 2 | 1 | 3 | 4 | 1 |
| AP |  | 1 |  |  |  |  |  |  |  |
| AM |  | 1 |  | 1 | 4 | 8 | 3 | 6 | 1 |
| BA |  |  | 3 |  | 7 | 13 | 9 | 28 | 4 |
| CE |  | 1 | 2 |  | 16 | 17 | 11 | 29 | 3 |
| DF | 1 | 1 |  |  |  |  | 2 | 4 |  |
| ES |  | 3 |  |  | 4 | 7 | 1 | 5 |  |
| GO |  | 5 |  |  | 12 | 11 | 7 | 11 |  |
| MA |  |  |  |  | 4 | 9 | 12 | 21 |  |
| MT** |  |  |  |  | 20 | 17 | 22 | 34 | 2 |
| MG | 1 | 2 | 3 |  | 10 | 21 | 12 | 23 | 7 |
| PA |  | 2 | 1 |  | 2 | 13 | 8 | 12 |  |
| PB |  |  |  |  | 6 | 8 | 5 | 11 | 1 |
| PR |  |  | 1 |  | 14 | 15 | 11 | 24 | 3 |
| PE |  | 1 |  |  | 4 | 6 | 4 | 7 |  |
| PI |  |  |  |  | 2 | 13 | 13 | 24 | 1 |
| RJ | 2 | 1 |  |  | 1 | 3 | 4 | 5 |  |
| RN |  |  | 1 |  | 4 | 6 | 6 | 9 | 3 |
| RS |  |  | 5 | 5 | 11 | 20 | 5 | 11 | 1 |
| RO |  |  | 1 |  | 3 | 5 | 4 | 7 |  |
| RR |  |  |  |  |  | 1 |  |  |  |
| SC |  | 5 |  |  | 5 | 11 | 3 | 8 |  |
| SP |  | 4 | 1 |  | 7 | 27 | 9 | 22 | 2 |
| SE |  | 1 |  |  | 1 | 3 | 2 | 3 |  |
| BRASIL | 5 | 36 | 18 | 1 | 139 | 239 | 156 | 311 | 29 |

Fonte: Aquarius/SSINF/Prodasen.
* A duração de cada governo varia, o que deve ser considerado no momento da análise. No caso do governo Fernando Collor, considerou-se somente 1990, pois em seguida as concessões passaram a ser feitas sob controle do Congresso Nacional, como determina a Constituição de 1988. Para João Goulart, considerou-se somente 1963, dado o período da pesquisa.
** Inclui Mato Grosso e Mato Grosso do Sul.

Apesar de o aumento expressivo de concessões se apresentar na passagem do governo Geisel para o Figueiredo, elevando o volume em quase 50%, Minas Gerais possui uma distribuição contínua de outorgas de estações de rádio, não as recebendo somente sob Médici. Assim, tomando esses dados, a hipótese geopolítica é fraca, pois Minas não pode ser interpretado como um Estado não-integrado, principalmente considerando que é bastante provável que, do volume total de concessões para uma determinada região, a maior parte seja designada para a capital, e Belo Horizonte sempre foi de grande importância econômico-política para a nação.

Se a preocupação for com a segurança, as faixas de fronteira receberiam um volume maior de concessões, independentemente de fatores econômicos ou de política de barganha.[7] De fato, ao olharmos para os dados por governo, parece que isso pode ser verdadeiro, pois é exatamente durante os anos militares que as outorgas para as regiões fronteiriças são maiores, representando por volta de 38,05% das concessões feitas sob governos fardados, contra 29,34% na vigência de governos civis.

Essa visão é reforçada quando, ao consultarmos os dados de forma desagregada, notamos que as concessões para o Rio de Janeiro (ou Guanabara antes de 1974) são menores do que, por exemplo, para o Mato Grosso, e, sem a menor dúvida, o primeiro traz maiores possibilidades de retorno econômico.

As hipóteses aventadas para a questão geopolítica também funcionam aqui, pois os Estados menos desenvolvidos compõem a região de fronteira nacional. Assim, durante o governo Médici, a única outorga de estação de rádio é dada ao Amazonas. O Amapá é contemplado no governo Castelo Branco; o mesmo acontecendo com Roraima, lembrado por Figueiredo.

Tomando os dados agregados, notamos ainda que, no período civil, a distribuição das concessões é equilibrada do ponto de vista

---

7 Para efeito desta análise, não consideramos os limites litorâneos como fronteira. São tomados, então, os Estados de Rio Grande do Sul, Santa Catarina, Paraná, Mato Grosso, Acre, Amapá, Roraima, Rondônia e Amazonas.

da divisão política, pois os nove Estados da região de fronteira (um terço do país) receberam em torno de 30% das concessões. Esse percentual, entretanto, sobe quase dez pontos sob o regime militar.

Assim, os dados parecem sugerir que a política de Comunicações dos governos militares respondia a interesses de segurança, mas não aos geopolíticos, realizando o binômio segurança e desenvolvimento do discurso militar e esguiano.

As hipóteses aventadas não respondem, porém, a algumas indagações que surgem quando atentamos para os dados da Tabela 3 apresentada, como o que determina a média anual de 0,25 concessão no governo Médici contra seis concessões no governo Costa e Silva, média esta que sobe para 27,8 e 39,83, respectivamente, com Geisel e Figueiredo.

Os dados da Tabela 4, relativos à concessão de estações de televisão, reforçam essa visão, pois a partir do governo Geisel há uma tendência de crescimento somente rompida com a ascensão de Fernando Collor, ao mesmo tempo que o menor número de concessões é feito pelo governo Médici. Nesse caso, porém, as variações são mais significativas do que as relativas às concessões de estações de rádio, o que sugere outras hipóteses para a análise.

Conforme indica a Tabela 4, as outorgas de televisão apresentam certo equilíbrio em todo o período, muito embora haja uma relativa explosão no governo José Sarney, repetindo o que aconteceu em relação às estações de rádio, e também repetem a queda nas concessões durante a gestão Médici.

Uma explicação para o comportamento do governo militar pode ser encontrada na necessidade de diversificar a maneira pela qual o Brasil deveria responder à política (contida nos projetos militares para o país) de integração nacional. Nesse aspecto, se no governo Médici a ênfase foi emprestada ao desenvolvimento de infra-estrutura básica, principalmente em telefonia (implantação de troncos e novas tecnologias, como os cabos de microondas), no governo Geisel buscou-se aliar dever governamental com responsabilidade do mercado. É assim que as emissoras de rádio e televisão ganham espaço concessionário, concessões que procuram aliar integração nacional com fatores comerciais.

Tabela 4 – Total de outorgas de estações de televisão por unidade da Federação e governo*

| UF | J.G. | C.B. | C.S. | E.G.M. | E.G. | J.B.F. | 1988 | J.S. | F.C.M. |
|---|---|---|---|---|---|---|---|---|---|
| AC |  |  |  |  |  |  |  |  | 1 |
| AL |  |  |  |  | 2 |  | 1 | 1 |  |
| AP |  |  |  |  | 1 | 1 |  |  | 1 |
| AM |  |  |  |  | 1 |  | 1 | 1 |  |
| BA |  | 2 | 1 |  | 1 | 3 | 1 | 6 | 1 |
| CE |  |  |  | 1 |  | 1 | 1 | 3 |  |
| DF |  | 1 |  |  |  |  |  | 4 |  |
| ES |  |  |  |  | 1 | 2 |  | 1 | 1 |
| GO |  | 1 | 2 |  | 2 | 2 | 1 | 7 | 1 |
| MA |  |  |  |  | 2 | 2 | 2 |  | 1 |
| MT** |  | 3 | 2 |  | 2 | 1 | 2 | 3 |  |
| MG |  |  | 1 |  | 1 | 3 | 3 | 6 | 5 |
| PA |  |  |  |  | 2 | 1 | 1 | 3 |  |
| PB |  |  | 1 |  | 1 | 2 | 1 | 2 | 1 |
| PR |  | 3 | 3 |  | 3 | 6 | 4 | 8 | 1 |
| PE |  |  |  |  |  | 1 |  |  | 1 |
| PI |  |  |  |  | 1 | 2 | 2 |  |  |
| RJ | 2 |  |  |  | 1 | 4 | 4 | 7 | 1 |
| RN |  |  |  |  | 1 | 1 | 1 | 4 | 4 |
| RS |  | 2 | 4 |  | 2 | 6 | 2 | 2 | 2 |
| RO |  |  |  |  | 1 |  | 1 | 4 |  |
| RR |  |  |  |  | 1 |  |  |  |  |
| SC |  |  | 2 |  | 4 |  |  | 5 |  |
| SP |  |  | 1 |  | 5 | 8 | 9 | 17 | 3 |
| SE |  |  |  | 3 |  |  |  | 1 |  |
| BRASIL | 2 | 12 | 17 | 10 | 38 | 42 | 36 | 89 | 20 |

Fonte: Aquarius/SSINF/Prodasen.
* A duração dos mandatos de cada governo é variável, o que deve ser considerado no momento da análise. No caso do governo Fernando Collor, considerou-se somente 1990, pois em seguida as concessões passaram a ser feitas sob controle do Congresso Nacional, como determina a Constituição de 1988. Para João Goulart, considerou-se somente 1963, dado o período da pesquisa.
** Inclui Mato Grosso e Mato Grosso do Sul.

Em síntese, quando analisamos os dados relativos às outorgas de rádio e televisão, é possível afirmar que havia uma preocupação do governo militar com a segurança do país, centrada principalmente na proteção de nossas fronteiras. Ao mesmo tempo, é pouco provável que essa mesma preocupação traduzisse a necessidade de integração nacional pela via das telecomunicações. Porém, a *hipótese mais forte*, principalmente quando avaliamos esses dados em conjunto com o discurso dos presidentes, *não é a segurança como expressão do desenvolvimento, mas a segurança necessária à permanência no governo, a busca de estabilidade política e, portanto, de adesão da sociedade ao projeto de país desejado pelos militares*. Nesse aspecto, o controle sobre as concessões dava-se menos no momento da outorga e mais depois, quando da manutenção em funcionamento das empresas de radiodifusão. Nesse segundo momento, era por meio do controle econômico (concessão de empréstimos e publicidade) que o governo militar exercia seu poder. É essa hipótese, por exemplo, que permite explicar por que a Bloch (Rede Manchete) obteve duas concessões e a Abril, nenhuma, na gestão de João Figueiredo.

## Clientelismo nas Comunicações

Em uma pesquisa feita em 1995, a jornalista Elvira Lobato (1995b) mapeia como se efetivam as concessões de rádio e televisão no Brasil. Embora não seja uma pesquisa exaustiva, ela consegue mostrar que oito grupos dominam o setor, contrariando abertamente o Código das Comunicações.[8] Entretanto, o mais importante para os objetivos deste estudo não é essa violação, mas o fato de reforçar uma

---

8 O CBT procura evitar a concentração de mercado, daí estabelecer limites no número de concessões que uma entidade pode manter e regular a formação de cadeias e associações (Decreto n.236/67). Porém, a própria legislação deixa brechas porque nada diz sobre o número de membros de uma mesma família que podem ser concessionários, já o controle das concessões é feito a partir do número do CPF do maior acionista, e não pelo sobrenome ou filiação.

tendência apontada pelos especialistas na área: a manipulação das concessões como forma de "troca de favores" no interior do governo.

Segundo Rômulo Vilar Furtado, funcionário do Ministério das Comunicações entre 1970 e 1990, o que o credencia como "um dos maiores caciques da história das telecomunicações do Brasil" (Lobato, 1995a, p.1-13), "enquanto existir o Congresso Nacional e, dentro dele, parlamentares desejosos de se reeleger, o critério de distribuição de concessões será político, e os governos darão rádios e TV's em troca de apoio. A utopia socialista de que todos são iguais perante a lei não funciona na vida real" (ibidem).

É essa hipótese, que podemos chamar do *clientelista*, que queremos avaliar agora, procurando mostrar as diferenças, se existem, entre governo militar e gestão civil. Assim, nossa questão é: será que para além das questões de segurança e de competência técnica que deveriam nortear a outorga de exploração de rádios e televisões, o que de fato determinou a ação dos presidentes da República nessa área não foi a necessidade de apoio que estes entendiam como necessário à continuidade de seus projetos governamentais?

Os dados com os quais trabalhamos, quando avaliados de forma desagregada, parecem apontar nessa direção. Ou seja, mais do que para uma política pública desenvolvimentista e preocupada com a segurança (o que corroboraria com o núcleo duro dos discursos presidenciais do período), a ação governamental está voltada para uma questão de mercado político ou de *lobby*, que influencia as escolhas governamentais no sentido da utilização das concessões estatais como moeda de apoio político.

Assim, o número médio de outorgas entre 1963 e 1990, último ano em que o Executivo pôde centralizar as concessões, é de 8,22 estações anuais. Nesse aspecto, pode-se notar que há um crescimento substancial em épocas nas quais o Poder Público parece procurar por apoio político, o inverso ocorrendo nos momentos de hegemonia do grupo no poder. É o que sugere, por exemplo, os dados relativos ao governo Médici: o governo considerado mais autoritário do período, mas o que possuía maior coesão interna, também foi o que concedeu um número menor de estações de rádio e televisão (média de 0,25 e 1,75, respectivamente). Nessa mesma linha argumentativa, o período seguinte apresenta um aumento substancial tanto relativamente a Médici quanto em relação aos governos anteriores. No governo Geisel, a média anual foi de 27,8 concessões de rádio e de 7,6 de televisão, e foi nessa gestão que se procurou colocar em prática o projeto de distensão que, como defendemos em outro momento (Mathias, 1995), não era unânime nem mesmo dentro do próprio governo.

O que chama mais a atenção, no entanto, é o crescimento relativo apresentado em anos como 1977 (Pacote de Abril) e 1982 (eleições diretas para governos estaduais). Porém, nenhum governo ou período apresentou números tão elevados quanto José Sarney em 1988, ano no qual se ultimaram os trabalhos constituintes, cujo tema central foi o mandato do então presidente da República. Para se ter uma idéia, tomando todo o mandato, a média de concessão de rádio é de 62,2, volume que cai para 38,7 quando se desconsidera 1988. Essa última média de concessão é menor do que a apresentada por João Figueiredo.

A troca de concessões de rádio e televisão por votos nos cinco anos de mandato durante o governo Sarney é comprovada por dois outros fatos. O primeiro é o número recorde de outorgas no dia 29 de setembro de 1988: 59 concessões. O segundo foi o não-cumprimento da promessa de concessão de uma rádio para o deputado Fernando Bezerra Coelho (PMDB-PE) e sua reversão para Osvaldo Coelho (PFL-PE). Como informou o primeiro, a concessão estava praticamente em suas mãos, quando foi concedida ao seu adversário no município logo depois de ele ter votado pelos cinco anos de mandato para Sarney, enquanto Fernando Bezerra havia optado pelos quatro anos de mandato. Reforça essa idéia o estudo do professor Paulino Motter (UnB), segundo o qual 91 constituintes receberam concessões no governo Sarney, 90% dos quais votaram pelos cinco anos de mandato para Sarney.

O grande número de concessões feitas durante 1988 fez que a tendência ascendente fosse interrompida imediatamente. Assim, em 1989, José Sarney assinou o menor número de concessões de todo o seu governo: dezesseis rádios e dezoito televisões.[9] Isso foi mantido no governo Collor, que chegou a 29 concessões de rádio e vinte televisões.

O que mais espanta na "política" de telecomunicações do governo Sarney, porém, é a utilização das concessões como forma de reforçar o poder de seu próprio clã no Maranhão, o mesmo fazendo seu ministro das Comunicações no caso da Bahia. É assim que, segundo a imprensa (*Folha de S.Paulo*, 4.9.1995, p.1-9), das trinta concessões para o Maranhão aprovadas durante seu governo, dezesseis são controladas por sua família, por meio de testas-de-ferro.[10]

Reforça ainda mais a hipótese clientelista a maneira pela qual o ministro das Comunicações do primeiro governo civil, após vinte anos de regime militar, chegou a esse cargo. Segundo consta, Antônio Carlos Magalhães não foi escolhido para ocupar essa pasta. Em acordo feito entre ele e Tancredo Neves, ele teria a prerrogativa de escolher qualquer cargo, exceto a Fazenda. Por que, então, a velha raposa teria se decidido pelas Comunicações? Para Vilas-Boas Corrêa, com quem concordamos, a resposta é simples:

> Um ministério que tem os seus inegáveis encantos, especialmente sensíveis a um político. Não há por todo o país um lugarejo por mais pobre e escondido que seja que não tenha a sua agência de correio e telégrafo, o posto telefônico, onde não se ouça rádio e que não se faça a cabeça com as novelas coloridas da televisão ... Regado com verbas razoáveis, manipulando recursos próprios. Instigando a utilização esperta em áreas de instantâneo apelo popular, como na projetada utilização do sistema de comunicação nacional que funcione como um regulador de preços de gêneros de primeira necessidade. Podendo ser útil ou indispensável às emissoras de rádio e televisão, fazendo o mínimo que é não

---

9 Lembramos que, com a promulgação da Constituição de 1988, o Congresso passou a ser co-responsável pelas concessões, pois a lei retirou das mãos do presidente da República essa prerrogativa. Entretanto, segundo informações do Prodasen, até 1990, primeiro ano da gestão Collor de Mello, as outorgas continuaram a ser feitas sem controle real do Legislativo federal.
10 Como a legislação não permite que os políticos, e não só a família Sarney, estejam à frente das emissoras, eles fazem uso de contratos de promessa de compra e venda (os chamados contratos de gaveta) para controlar de fato as emissoras.

embaraçar o caminho por onde transitem os legítimos interesses de cada um. (apud Herz, 1987, p.38-9)

Em outras palavras, Antônio Carlos Magalhães não fez mais do que confirmar a suspeita de que, nas palavras de Elvira Lobato, "emissoras de rádio e de televisão sempre exerceram grande fascínio sobre os políticos, em particular no Norte e Nordeste, porque são *a arma mais poderosa nas campanhas eleitorais*" (*Folha de S.Paulo*, 4.9.1995, 1-9, grifos nossos).[11]

Em conclusão, os dados disponíveis permitem sugerir algumas explicações razoáveis sem, entretanto, fornecer razões suficientes para a adoção individual de uma delas, como aquela que esclarece sobre a política de comunicações dos governos no período aqui enfocado. A hipótese mais forte é da convivência entre as três aqui apresentadas, com predominância da hipótese clientelista. Se estamos certos, então os governos militares, apesar de ter na área de Comunicações um dos seus mais importantes sucessos, não inovaram em relação aos seus congêneres civis, mas reforçaram a continuidade das práticas no poder: eles utilizaram as telecomunicações como um mecanismo de troca de adesão por ganhos econômicos e/ou políticos.

## As Comunicações no discurso governamental

Para avaliar como a área de Comunicações foi encarada pelo governo ao longo do período da pesquisa (1963-1990) e, portanto, como foram formuladas as políticas públicas, foram seguidas três orientações. Em primeiro lugar, avaliou-se o orçamento da União e a quantidade de recursos destinada a cada área, isso em conjunto com a legislação pertinente. Depois, fez-se uma leitura dos Planos Econômicos do Governo, procurando perceber qual o destaque

---

11 Nessa mesma direção, ou seja, da busca de controle de instrumentos de poder, Antônio Carlos Magalhães, como investido no cargo de ministro das Comunicações, fez que a Rede Globo revertesse a filiação da TV Aracatu da Bahia, que por dezoito anos retransmitiu imagens globais, para a TV Bahia, de propriedade dos Magalhães.

dado para o setor de Comunicações. Por fim, analisaram-se os discursos e depoimentos dos presidentes do período.

A primeira coisa que chamou a atenção quando da análise das Comunicações foi a verdadeira revolução acontecida nos anos 60 nessa área. De fato, de uma situação em que nem havia regulamentação, as Comunicações brasileiras passam para uma estrutura complexa, bem montada e relativamente eficiente.

## O plano nacional de Comunicações

Como já destacado, o Código Brasileiro de Telecomunicações é de 1962 e, apesar de haver algumas leis anteriores, nem mesmo as faixas de onda estavam regulamentadas. A partir da criação do CBT, o governo centraliza as comunicações com a criação do Contel (1963),[12] da Embratel (1965) e da Telebras (1972).

Os serviços de comunicações existentes no Brasil quando da sanção do CBT eram um caos tanto do ponto de vista administrativo quanto operacional. O governo não tinha controle sobre nenhuma empresa, apesar de todas serem concessionárias de um serviço público. Tomando os serviços telefônicos como exemplo, operavam no país quatro empresas trabalhando com serviços de telex e telegramas nacionais e internacionais, e duas com telefonemas nacionais, além das centenas de empresas locais.

Já com a política desenvolvimentista adotada por Juscelino Kubitschek, nota-se a necessidade de estreitar as distâncias por meio das comunicações como forma de facilitar o desenvolvimento econômico. Isso, todavia, não foi suficiente para que o tema fosse incluído no Plano de Metas, e os estudos do período restringiram-se ao Departamento de Correios e Telégrafos.

Nos governos Jânio Quadros e João Goulart, pouco se avançou na direção de uma política para as Comunicações. É verdade que,

---

12 O Contel, como explicado no início deste capítulo, é criado pelo Código e passa a funcionar efetivamente em 1963. O órgão executor das políticas, subordinado ao Contel, é o Dentel – posteriormente incorporado na sua totalidade pelo Ministério das Comunicações.

neste último, aprovou-se o CBT, mas nenhuma ação prática foi levada a efeito quanto a tornar as comunicações brasileiras mais eficientes. Por exemplo, uma das principais medidas do governo Jango, mas que não dependeu do presidente da República, foi a encampação dos bens (não das ações) da Companhia Telefônica Nacional, subsidiária da ITT, promovida pelo governo do Rio Grande do Sul (Leonel Brizola) e que constituiu o estopim dos grandes problemas entre governo brasileiro e norte-americano na área. Apesar de o CBT prever a centralização dos serviços de telefonia na Embratel, desde a promulgação do Código, em 1962, até 1970, viveu-se uma situação de difícil solução entre governo e concessionárias que impediu essa centralização.

O impasse entre o governo brasileiro e as concessionárias de telefonia teve seu início no governo João Goulart quando já se estabelecera

um consenso no País no sentido de que as empresas concessionárias do serviço público passem às mãos do Estado brasileiro. Isto porque era já bastante grande o sentimento de que as subsidiárias norte-americanas e mesmo as canadenses tinham serviço ineficiente, e que, apesar das tarifas altamente compensatórias, não ampliavam ou melhoravam o atendimento ao público. Além disso, já se cristalizava uma consciência da necessidade de que fossem transferidos serviços de tal natureza para as mãos do Estado. (Silva, 1975, p.185-6)

Com base nisso, o governo criou a Comissão de Nacionalização das Empresas Concessionárias de Serviços Públicos (1961) dando sua presidência para o então ministro da Guerra, general Amaury Kruel, que definiu como aconteceria a transferência das empresas concessionárias para o Estado. Após intensos trabalhos que levaram, até mesmo, à formação de uma CPI na Câmara dos Deputados, estabeleceu-se que as empresas seriam compradas pelo Estado brasileiro. Os estudos concluíram também que a federalização das Comunicações era indispensável "ao exercício do controle político pelo Governo Federal e uma exigência da Segurança Nacional..." (Oliveira, 1992, p.190)

O governo Jango, entretanto, não teve tempo para nenhuma ação prática, e, na verdade, a execução de um plano para a área, como solução do problema das empresas concessionárias, processa-se durante o governo militar. Conforme Velloso (1986, p.124):

O período Castelo Branco trouxe, por outro lado, a solução para um problema que vinha se arrastando nos anos 60: o das concessionárias estrangeiras de serviços públicos. O caminho adotado, de compra, para transformá-las em empresas sob controle governamental, permitiu a enorme expansão de setores como Energia e Comunicações, a partir de então, e tornou o Estado, de forma definida, responsável pelos investimentos de infra-estrutura econômica. O Estado empresário assumia uma posição de destaque, num governo neoliberal, por uma decisão pragmática.

É assim que, sob o primeiro general-presidente, inicia-se o processo de federalização da Companhia Telefônica Brasileira,[13] cria-se o Ministério das Comunicações, substituindo o Conselho de Comunicações (que, na verdade, jamais funcionou como um órgão executivo e sim regulador do sistema de comunicações nacional) como produto da reforma administrativa (1967), e também a Embratel (1965), a quem caberia gerenciar o processo de federalização das operadoras telefônicas e executar o plano nacional de telecomunicações (implantação de troncos e linhas).

Nesse aspecto, tanto as medidas de federalização do sistema quanto as prioridades estabelecidas pelo Plano Nacional de Comunicações, continuadas nos governos de Costa e Silva e de Médici, não apontam para a Segurança Nacional e a Integração como motivadoras da montagem dessa política, mas a ênfase sempre recai sobre os critérios econômicos.

Uma consulta aos mapas do Plano Nacional de Telecomunicações (que podem ser encontrados em Oliveira (1992) revela que as

---

13 A Companhia Telefônica Brasileira (CTB) ganhou essa denominação em 1956, quando foi nacionalizada. Era uma empresa de origem canadense que operava concessões de telefonia no Brasil desde o início do século, chegando a abarcar cerca de 80% desse serviço no território nacional. Os estudos que apontavam para a necessidade de federalização entendiam que só assim se procederia sua modernização e, se fosse mantido o oligopólio, um controle maior por parte do Estado, já que se previa que ela seria mantida sob controle privado. (cf. Oliveira, 1992, p.225 ss.).

bases fixadas para sua implantação seguem critérios econômicos, isto é, as telecomunicações devem estar a serviço dos interesses de desenvolvimento do país, daí a primeira prioridade ser a implantação do tronco de microondas entre São Paulo e Rio de Janeiro e a ampliação dos serviços de acesso também na região. Depois, como segunda prioridade, figurava a expansão dos serviços no Rio de Janeiro, a instalação de troco de microondas interligando as capitais nordestinas e Belo Horizonte, e desta com Rio e Brasília. O programa de telecomunicações para a Amazônia e o Centro-Oeste inicia-se em 1969, e assim mesmo tendo como base a tropodifusão que, conforme sugerido anteriormente,

> baseia-se na difusão de ondas eletromagnéticas na troposfera, as antenas podem ficar afastadas de cerca de 300 km e em qualquer altura, o que permite sua localização próximo a cidades. Emprega antenas de grandes dimensões, com áreas de até 700 m² e apresenta como desvantagem baixa capacidade de tráfego, impossibilidade de transportar [sinais] de televisão e custo unitário muito mais alto que o da microonda em visibilidade. (Oliveira, 6.1.1999 – entrevista concedida à autora)

No que se refere aos serviços internacionais, a encampação das operadoras do sistema pela Embratel somente se concretizou entre 1969 e 1973, quando venceram as concessões para as empresas operadoras e o governo brasileiro resolveu negar as renovações de concessão com base no Código Brasileiro de Comunicações, que determinava a centralização desses serviços em uma única empresa.

Os serviços de comunicação internacional eram operados por cinco empresas, todas subsidiárias de companhias internacionais (duas americanas, uma inglesa, uma italiana e uma francesa) e que dividiam entre si os serviços de telex, telefonia e telegrafia utilizando cabos telegráficos ou rádios em onda curta. A Embratel, encarregada de promover a centralização dos serviços, propôs, ao longo dos anos 60, a oferta de serviços de telecomunicações por meio de satélite, o que foi rechaçado pelas empresas concessionárias. Isso levou a um impasse somente resolvido com a cassação das atividades das empresas. Centralizando os serviços, a Embratel promoveu a modernização de todo o sistema de telecomunicações internacionais, implantando a telefonia e telegrafia via satélite, o que resultou em ganhos em desenvolvimento e ganhos econômicos nessa área.

Apesar de à primeira vista parecer que o governo militar foi, de fato, bem-sucedido na área de telecomunicações, fazendo o Brasil saltar de um estado de subdesenvolvimento para outro comparável aos mais modernos no mundo, de as empresas do setor deixarem de ser deficitárias para proporcionar ganhos que, aliás, foram repassados para outros setores do governo, em 1973, após dez anos de funcionamento de estrutura independente e da completa centralização dos serviços de telefonia internacional, ainda havia empresas que operavam telefonia local sem conhecimento do governo, levando este a elaborar um plano de recadastramento nacional. Isso mostra, portanto, a necessidade de relativizar tanto os acertos quanto os fracassos do governo militar.

Pouco há a dizer sobre o Plano Nacional nos governos civis. Sabe-se que os investimentos para o setor reduziram-se vertiginosamente, como teremos oportunidade de mostrar mais à frente, e que as metas de atendimento completo da demanda foram abandonadas. De fato, entre 1985 e 1995, deixou de haver uma política coerente para o setor.[14] Mais: segundo informações da assessoria de imprensa do Ministério das Comunicações, no governo Collor, com a reorganização ministerial, muito do que havia sido conquistado se perdeu, incluindo parte da história do setor.

### As Comunicações nos discursos presidenciais

A marca do discurso do período militar brasileiro é sintetizada pela insígnia "segurança e desenvolvimento". Esse par, indissociá-

---

14 Essa é a percepção do ex-ministro Quandt de Oliveira, para quem, "após a promulgação da Constituição de 1988, sob uma vaga alegação de estabelecer o monopólio estatal nas comunicações, foi deixada de lado a política neste sentido [atendimento das necessidades de telecomunicações determinadas pelo público], estabelecida pela lei 5.792. Os maus resultados são claros...". Ao mesmo tempo, ele afirma que o Ministério das Comunicações, sob Sérgio Motta, já no governo de Fernando Henrique Cardoso, parece estar no caminho certo, no sentido de estabelecer uma política para o setor (cf. entrevista à autora, 6.1.1999).

vel até o governo Geisel – quando sofre uma inversão, mas não desaparece –, aponta para a visão que os militares têm de como a política deveria ser feita e, por conseguinte, como se definiam as políticas públicas (Mathias, 1995). Diferentemente do que se possa imaginar, talvez seja aqui que se encontra a principal influência da ESG sobre os governos do período. Isto é, há uma corrente analítica, e que pode ser exemplificada pelas posições de Alfred Stepan (1975), que imputa à ESG a responsabilidade pelo projeto de poder posto em prática a partir de 1964. Posição, aliás, compatível com as pretensões da Escola, que sempre quis ser vista como "celeiro intelectual do país".

A influência da ESG apareceria, assim, no lema "segurança e desenvolvimento" como definidor dos objetivos do governo. Desse modo, tomando como referência os discursos presidenciais e os planos de governo (que, na verdade, representam o discurso governamental), o papel da ESG variaria de maior ou menor no interior do governo, tendo como referência a subordinação maior ou menor dos objetivos ao mote "segurança e desenvolvimento". Essa é a hipótese com a qual trabalha-se aqui.

Os governos militares alentaram dois objetivos: por um lado, conter a "marcha comunista" representada pela ascensão de Goulart, e, portanto, perseguiram um objetivo negativo no momento da implantação do regime autoritário e de sua consolidação. Aqui prevalecia o discurso da "segurança nacional", de forte conteúdo esguiano, e foi vivenciado desde o governo Castelo Branco até meados do de Costa e Silva. Por outro, a partir da ascensão de Médici, e por toda a década de 1970, o grande objetivo do governo, em nome do qual os militares permaneceram por mais de vinte anos no poder, passou a ser a construção da grande potência brasileira. Isso significava, para os meios castrenses, um controle maior, e muitas vezes direto, por parte do Estado sobre o desenvolvimento do país, de forma tal que este fosse capaz de impor-se na região sul-americana como potência média; isto é, que o Brasil fosse capaz de defender seus interesses para além de suas fronteiras, ainda que restrito à América do Sul, e subordinando sua ação à hegemonia política dos Estados Unidos, o

# A MILITARIZAÇÃO DA BUROCRACIA 129

poder limitador de sua autonomia – é o que sustenta Cavagnari Filho (1987, p.143), especialista no assunto:

o Brasil é uma potência média, cujo cenário estratégico está contido nos limites da América do Sul. A posição que ocupa na hierarquia de poder mundial, como primeiro país sul-americano, concede-lhe, por extensão, o *status* de maior potência regional. Sua atual capacidade estratégica tem o alcance suficiente para operar nesse cenário na defesa de seus interesses vitais, mas não lhe confere o grau de autonomia desejável para desenvolver iniciativas estratégicas... A limitação à autonomia estratégica do Brasil é conseqüência da hegemonia exercida pelos EUA, na América Latina...

É essa visão que justifica as opções dos governos militares. Assim, todas as políticas públicas adotadas tinham por objetivo tornar o país auto-suficiente em relação aos seus vizinhos, de forma a poder impor e/ou defender seus interesses no campo econômico, social e político.

Para essa auto-suficiência, um setor bastante sensível é o de Comunicações, não somente porque ele permite uma integração maior, mas principalmente porque facilita o acesso a outras tecnologias, bem como o controle sobre espaço físico do país – um exemplo banal é que, em situações de guerra, o primeiro indício do conflito é exatamente o corte ou o crescimento de interferências nos meios de comunicação do país alvo do ataque. Essa é uma explicação, ainda que parcial, para a ênfase dada ao setor de Comunicações nos discursos presidenciais. De fato, nenhum dos presidentes deixa de ao menos mencionar algo sobre a área.

A despeito de não analisar os discursos do presidente João Goulart, já foi mencionado que fora durante sua gestão que se iniciara a discussão sobre a nacionalização e modernização das Comunicações. Por isso mesmo, ele merece longa apreciação no Plano Trienal de Desenvolvimento Econômico e Social que, como explicitado antes, condensa, da mesma forma que os pronunciamentos presidenciais, a visão do governo sobre as políticas públicas. Todavia, na visão de Hélio Silva (1975, p.164), compartilhada com muitos outros analistas:

O Plano Trienal foi a tentativa de cumprir o compromisso com as diversas correntes que disputavam o poder. Pretendeu uma série de providências, nas esferas administrativa e política, para as quais o País não estava preparado, nem o Governo tinha condições de realizar... Era demasiado ambicioso para tão limitado prazo de um Governo [três anos] com suas forças progressivamente diminuídas pelo tumulto de uma série de problemas, e tornou-se irrealizável.

Assim, por ser ambicioso demais, tal plano não fora feito para ser aplicado. Pode-se, no entanto, retirar dele as intenções de Jango para as Comunicações. Recordamos que esse setor fazia parte do Ministério da Viação e Obras Públicas, que abrigava também o setor de Transportes, para o qual se destinava percentual maior de recursos.

O ponto central do Plano Trienal era a agricultura, à qual todas as outras metas se subordinavam. Apesar disso, entendia-se que a modernização das Comunicações era parte essencial para o desenvolvimento do país, especialmente do ponto de vista social. Apesar de o Plano não ser meramente econômico, estabelecendo entre suas metas mudanças institucionais, percebe-se que no campo das Comunicações a motivação das mudanças é econômica, daí priorizar-se a região Sudeste, particularmente o eixo Rio-São Paulo, para o crescimento das redes e serviços de comunicação.

Dessa forma, o discurso do governo Goulart para a área, a despeito do caráter social que se quer emprestar ao desenvolvimento das comunicações, é economicamente determinado, não tendo nada que indique sua subordinação a interesses de integração social. Prova disso é que as metas descritas no Plano Trienal para as Comunicações podem ser resumidas na implantação do telex no país, na modernização da infra-estrutura para serviços interurbanos nos Estados do sudeste e destes com Brasília, em estudos para a implantação dos troncos por microondas e em trabalhos menores na área dos correios. Todas essas metas seriam posteriormente incluídas no Plano Nacional de Telecomunicações, analisado no item anterior (Brasil-Presidência da República, 1962, p.108-9).

# A MILITARIZAÇÃO DA BUROCRACIA 131

A discussão sobre o destino das Comunicações vai perpassar todas as falas de Castelo Branco, que, tudo indica, em razão disso, decidiu incluir a criação do Ministério das Comunicações na reforma administrativa que promoveu para seu sucessor (Decreto n.200, de 25.2.1967). A relação entre segurança e desenvolvimento também tem seu ponto de interseção quando trata das Comunicações:

> Generalizado era o *impasse nos serviços de infra-estrutura...* No setor de telecomunicações a falta de investimentos, pela indecisão governamental e pelo cerceamento da iniciativa privada, levou a uma crise de efeitos perniciosos simultaneamente para o desenvolvimento econômico e a segurança nacional. Uma clara definição de política e a cobrança de taxas realistas permitiram-nos lançar um programa de investimentos que, em três anos, corrigiram a maior parte do atraso acumulado... (Castelo Branco, 1967, p.74, grifos no original)

Condizente com o frenesi planejador dos "sorbonistas",[15] Castelo Branco apresenta seu Programa de Ação Econômica (PAEG), que explica quais e por que meios seriam atingidos determinados objetivos. Na parte dedicada às políticas concretas, o PAEG alinhava as ações que seriam adotadas para a elaboração e a consecução do

---

15 Martins & Velasco e Cruz (1984, p.28) afirmam que o que distinguia o "sorbonismo" das demais facções militares era a crença nas reformas como objetivo do movimento de 1964. O planejamento como traço desse caráter reformista é exemplificado pela visão do general Portella, citado por eles: " a visita do General Sarmento serviu para a constatação de um fato curioso, que também ao Dr. Marcondes Ferraz causou estranheza. Enquanto no QG do General Costa e Silva, dadas as circunstâncias, atuava o Comandante por intermédio de oficiais de ligação, o QG do General Castello (sic!) – um apartamento residencial como o outro – funcionava como um escritório, em atividade que intrigou os dois visitantes e somente veio a ser esclarecida depois. Vários datilógrafos trabalhavam febrilmente, com os dedos metralhando incessantemente as máquinas e a atenção concentrada em sua tarefa ... Soube-se depois que, já naquela noite, os assessores do General Castello preparavam um plano de emergência para o Governo, esperando fazer dele o sucessor de João Goulart" (cf. também Portela de Melo, 1979). Conforme lembrou em caráter informal um militar à autora, esse comportamento de apresentar linhas de ação é uma atividade típica de Estado Maior. Portanto, o planejamento reformista de Castelo Branco pode ser entendido como uma forma de transferência do *ethos* militar para a administração pública.

Plano Nacional de Telecomunicações, para o qual se destinam recursos 146% maiores em 1965 do que os planejados para 1964 (Brasil, 1965, p.184). É interessante observar que esse é o único setor no qual se mencionam segurança e integração nacional como motivadores da implantação do Sistema Nacional de Telecomunicações (SNT):

A implantação do SNT, em sua totalidade, exigiria recursos que ultrapassam (sic!), no momento, as possibilidades econômico-financeiras do país. Daí prever o programa a implantação de ligações prioritárias que, *satisfazendo as necessidades mínimas do desenvolvimento e segurança nacionais, são capazes de promover a integração do país pelas telecomunicações...* (ibidem, 182, grifos nossos)

A melhor síntese da importância das Comunicações para a garantia da segurança e do desenvolvimento é dada, porém, por Costa e Silva (1983, p.1-337), em discurso proferido no Instituto Nacional de Comunicações: "Mais comunicações é mais segurança, mais bem-estar, maior velocidade na penetração da civilização contemporânea nos distantes e silenciosos rincões de nossa Pátria".

E não foi somente nas intenções discursivas que esse governo priorizou as Comunicações. Uma rápida consulta aos orçamentos por função aponta que a verba destinada para a função Comunicações é regular e baixa em todo o período objeto da pesquisa. Porém, o maior montante a ela destinado representa 2,98% do orçamento total, e isso acontece em 1969. Interessante observar que não há nenhum grande projeto ou criação das grandes empresas estatais nesse ano, e já estava em execução o Plano Nacional de Comunicações.

A mesma relação é notada quando se avalia a distribuição orçamentária por ministério. Nesse caso, observa-se também que o Ministério das Comunicações não tem fixadas para si grandes verbas. Em 1968, primeiro ano em que entra no orçamento – antes, como já indicado, era parte do Ministério da Viação e Obras Públicas –, recebe 3,04% do total. Essa cifra, embora pequena, representa o maior percentual do ministério até 1976, quando recebe 3,30% das verbas, que sobem para 3,44% em 1977, voltando a cair vertiginosamente já no ano seguinte.

Conforme já discutido, o plano iniciado por Castelo Branco geraria frutos, merecendo, nos governos posteriores, uma ênfase menor no que se refere ao atraso dos serviços e os riscos para a segurança, incluindo a área nos "projetos-símbolo"[16] do desenvolvimento, do "Brasil potência". É assim que, por exemplo, no governo Médici há uma concentração de esforços para a integração da Amazônia: razões de natureza social inspiraram, outrossim, o delineamento da política de comunicações e de transportes.

Iniciou-se em 1969, para romper o isolamento em que a região [amazônica] se encontrava, a implantação do Sistema de Telecomunicações da Amazônia, integrado ao Sistema Nacional de Telecomunicações, que compreende onze mil e quinhentos quilômetros de microondas em visibilidade do Norte ao Sul do País a cinco mil e cem quilômetros de troncos em microondas em Tropodifusão, que atravessam toda a Região Amazônica. O sistema é usado igualmente para a televisão, telex, teletipo, processamento de dados, radiodifusão educativa e educação cívica, proteção ao vôo, meteorologia, climatologia, orientação agrícola e telegrafia. Em 1972, concluíram-se os últimos troncos principais do sistema, permitindo definitiva integração da área ao Sistema Nacional. (Médici, 1974, p.83)

Como mostrado aqui, a implantação dos programas de telecomunicações nos Estados economicamente menos desenvolvidos, no entanto, somente aconteceu após concluídos os trabalhos dos troncos principais, conforme estabelecia o Plano Nacional.

Já nos discursos de Geisel, percebe-se que o referido Plano é paulatinamente abandonado, dado que, por um lado, haviam sido atingidas as metas postas desde os primeiros dias do governo militar com a criação das empresas estatais encarregadas de gerir o sistema de Comunicações do país, e, por outro, há uma rápida mudança de

---

16 Expressão utilizada por Reis Velloso (1986, p.145 ss.), com a qual ele indica como um determinado governo ficou conhecido – caso de Brasília para JK. Embora ele a utilize para um caso em especial, permitimo-nos um uso mais largo, entendendo que foi uma série de políticas que levou à constituição do "milagre" no final dos anos 60.

prioridades em razão da crise econômica que ameaçava o país. Isso não significa que a área não tenha merecido a adoção de políticas específicas. Houve continuidade e estímulo orçamentário, como descrito parágrafos antes. Porém, não mais respondendo às razões de segurança e integração que vigoravam nos governos anteriores.

É interessante notar que, se a marca do governo Figueiredo é a continuidade, no que se refere à política de telecomunicações, ele retoma a idéia da integração nacional como básica para a adoção de políticas na área. É no seu Plano de Desenvolvimento Econômico também que, pela primeira vez, se dedica espaço para a questão da radiodifusão:

> A diretriz fundamental é estimular a formação e consolidação de redes nacionais privadas para apoiar a integração nacional, inclusive no tocante à interiorização da televisão, observada a diretriz de preservação e valorização das tradições e manifestações culturais das regiões do País. (Brasil-Presidência da República, 1981, p.60)

Percebe-se, pois, que no governo Figueiredo, a integração como política pública a ser efetivada por intermédio das Comunicações é explícita. Todavia, essa política não é apoiada por verbas orçamentárias. Ao contrário, conforme dito aqui, é justamente durante essa gestão que as verbas para o setor apresentam declínio regular e contínuo.

Em resumo, os discursos dos presidentes militares, diferentemente do que previa o Plano Nacional de Comunicações, apontam para critérios de integração e segurança como os principais motivadores das políticas adotadas para a área. Porém, foi o Plano Nacional que orientou as ações práticas do governo, mostrando que os critérios econômicos não foram descartados na formulação da políticas públicas no período.

No primeiro governo civil após vinte anos de regime militar, a própria escolha do titular para o Ministério das Comunicações mostra que os critérios técnicos e econômicos seriam abandonados. Como apontado anteriormente, a despeito de não ser um ministério que concentre grandes recursos, é um *locus* de poder privilegiado, permitindo ao ministro manipular as concessões de estações de radiodifusão de forma a garantir apoio para seus interesses, ou ainda concentrar recursos das empresas descentralizadas de telefonia, ou as verbas de propaganda tanto do governo quanto das empresas estatais.

Curiosamente, o governo da "Nova República" apresenta como prioridade no seu Plano de Desenvolvimento a reforma do Estado, entendendo por isso maior incentivo à iniciativa privada e um programa de privatização de empresas sob controle governamental. Essa "novidade", todavia, já fazia parte tanto do II PND quanto do III PND.

Na política de Comunicações, já não se vale dos motes integracionistas como justificativa dos investimentos, mas afirma ser preciso desconcentrar o setor adotando-se um regime paritário com a iniciativa privada em que caberia ao governo investir nas áreas de pouco interesse econômico, no que se refere tanto à telefonia quanto à radiodifusão, como:

> Em consonância com os objetivos governamentais que estabelecem ações voltadas para as populações mais carentes, a radiodifusão pretende cobrir, através de redes de rádios e sistemas de televisão, as regiões de baixo interesse comercial para a iniciativa privada... (Brasil – Presidência da República, 1986, 188)

A política adotada durante o governo José Sarney não poderia mais ser reproduzida, dado que as concessões passaram a ser votadas pelo Legislativo, desconcentrando, ainda que não eliminando, o poder das mãos do Executivo. Talvez isso explique, mesmo que parcialmente, por que o setor não mereceu ênfase por parte da equipe de Fernando Collor. Tanto assim que, em sua gestão, o Ministério das Comunicações deixa de existir, passando as Comunicações para o controle do Ministério da Infra-estrutura, ocupado por Osires Silva, e que nomeou Joel Marciano Rauber para a Secretaria de Comunicações.

E sobre o papel da ESG? A sugestão feita no início deste capítulo, considerando-se os discursos dos generais-presidentes, se confirma. Os cinco presidentes fardados reiteraram que as definições de segurança e desenvolvimento têm como formuladores os estagiários da Escola da Urca. Isso não implica, todavia, influência da ESG nas formulações de políticas de comunicação. Como discutido, a análise do Plano Nacional de Comunicações mostra que foram os critérios econômicos que determinaram o crescimento do setor e sua distribuição geográfica. Porém, como justificativa ideológica, tanto para o público interno quanto para a sociedade civil, os generais-presidentes insistem em relacionar o desenvolvimento das Comunicações com um suposto projeto esguiano para o desenvolvimento integrado do país.

A partir da análise do discurso governamental para as Comunicações, portanto, não é possível afirmar uma profunda mudança no eixo definidor das políticas adotadas. Em todo o período analisado, os fatores econômicos parecem ter pesado mais na balança do que aqueles relacionados ao pensamento militar. Nesse sentido, a mudança entre governos militares e civis está concentrada, conforme nos conta Quandt de Oliveira (6.1.1999 – entrevista concedida à autora), na prioridade emprestada ao setor. De fato, há um abandono do planejamento nacional das Comunicações a partir de 1985, apontando para a preparação do terreno para a adoção da posterior política de privatização da telefonia no país.

Na questão da radiodifusão, a mudança promovida pela Constituição de 1988, passando o controle das concessões a ser feito em conjunto pelo Executivo e Legislativo, não parece ter significado, pelo menos no governo Collor, um redirecionamento da política vigente. Ou seja, essas concessões continuaram a representar uma moeda de troca na política, apenas mudando o *locus* dos acordos a serem feitos: do Executivo para o Legislativo, ou ambos. Some-se a isso a desregulamentação do setor promovida por Collor de Mello, e que redundou no descontrole por parte do Estado dos meios de comunicação, exemplificado pela ampliação de concessões ilegais (como aquelas que têm por concessionário um titular de outra concessão, como no caso das estações controladas pelo bispo Edir Macedo), por acordos prejudiciais ao interesse público (caso da Rede Manchete), pelo descumprimento da lei na organização das redes (com a Rede Globo em primeiro plano) etc.

Para resumir, é possível perceber mudanças significativas entre militares e civis a respeito da visão destes sobre comunicações. Entretanto, a base da mudança, como comprova uma rápida análise do Plano Nacional de Telecomunicações, está menos relacionada com o fato de o governo ser ocupado por militares ou civis, e mais a questões econômicas e políticas daqueles que são chamados a executar as políticas públicas.

## A presença castrense na administração das Comunicações

Como destacamos reiteradas vezes, na impossibilidade de proceder a uma análise da *militarização* por meio da ocupação de cargos civis da burocracia brasileira em sua totalidade, escolhemos os setores da Educação e Comunicações como exemplo desse fenômeno. Nesta parte do estudo, portanto, nosso interesse é descrever a estruturação do setor de Comunicações em termos daqueles que processam as decisões no interior do aparelho de Estado. Vamos, na medida do possível, acompanhar a carreira de cada um dos ocupantes dos cargos ligados ao Ministério das Comunicações e, na falta deste, os responsáveis pelo setor no governo.[17]

Como já informado, há em todo o mundo uma relação estreita entre Comunicações e Forças Armadas, e no Brasil não foi diferente. Aqui, até mesmo a formação dos profissionais da área, os técnicos ou engenheiros de comunicação, ficou, no início, em mãos castrenses, pois eram as escolas militares que ofereciam especialização nessa área.

Outra característica a observar é que o setor de Comunicações, e na organização da administração pública federal, o Ministério das Comunicações, não ocupa uma posição central no governo. Pelo contrário, como os dados apresentados anteriormente apontam, as

---

17 As fontes aqui utilizadas são: FGV-CPDoc (1984); Grupo Visão (1974 e 1980); Corke (1989). Para a pesquisa no Exército, agradeço o valioso apoio de Paulo R. Kuhlmann.

Comunicações são uma área periférica e, mesmo nos anos de seu maior desenvolvimento, não participaram das definições das prioridades governamentais. Isso gerou, em parte, o isolamento do setor – principalmente das empresas estatais – relativamente a outras áreas (como os Transportes, por exemplo) ante as pressões da administração central.

A falta de "centralidade"–, conforme conceituado por Abranches (1978), do setor é ainda mais gritante quando se sabe que, por exemplo, e segundo a classificação de *Visão*, que anualmente pesquisava e apresentava ao grande público o mercado empresarial brasileiro, entre as cem maiores empresas do país de 1980, a Telebrás ocupava a quinta posição, e a Embratel a 19ª, havendo outras seis empresas de telefonia estaduais classificadas nesse universo (Grupo Visão, 1980).

Como informado, até 1962 não havia uma regulamentação do setor de Comunicações no Brasil. No interior da administração do Estado, esse setor estava subordinado parcialmente ao Ministério da Viação e Obras Públicas. Simplificando essa organização, havia o Departamento de Correios e Telégrafos, a Comissão Nacional de Rádio (que também decidia a respeito das televisões) e alguns outros departamentos que respondiam por todo o sistema de comunicações no Brasil. Isso é parcialmente modificado pelo Código Nacional (1962), mas principalmente com a instalação do Contel, Conselho Nacional de Telecomunicações, ao qual se subordinava o Dentel.

Com a criação e funcionamento do Contel, os militares continuam a ter acento no órgão, embora seu poder tenha sido diluído na composição do Conselho: dos seus onze membros, três eram indicados pelas Forças Armadas. Apesar disso, sua presidência sempre foi exercida por um militar. Foram cinco desde sua criação até sua absorção pelo Ministério das Comunicações: coronel Clóvis da Costa Galvão (1963); coronel Scaffa de Azevedo Falcão (1963-1964); coronel Eustorgio da Silva (1964); almirante Beltrão Frederico (1964) e o comandante Quantd de Oliveira (1965-1967). Também a Embratel, então recém-criada, era dirigida por um militar, Haroldo Corrêa de Mattos.

Outro exemplo do domínio numérico dos militares nos órgão de decisão da área é dado pela comissão criada em 1963 com o objetivo de estudar a criação da Embratel, que era majoritariamente composta por militares. O Decreto n.52.444/63 nomeou para ela: coronel Scaffa de Azevedo Falcão (representante do Contel), tenente-coronel José Antônio de Alencastro e Silva, tenente-coronel Dagoberto Rodrigues, Dr. Durval Calazans e Sr. Roberto de Araújo Castro Filho (*DOU*, 4.9.1963).

Em síntese, as poucas informações que temos sobre o governo João Goulart[18] apontam para essa mesma relação; a despeito de pouco a pouco passarem a dividir o domínio numérico do setor, os cargos de direção das entidades estavam em mãos militares.

No governo Castelo Branco não foi diferente, ou seja, o controle da área de Comunicações estava em mãos castrenses. Assim, os principais cargos da área, todos subordinados ao Contel ou ao Ministério da Viação e Obras Públicas, estavam sob direção militar, como são exemplos a Embratel, presidida pelo general Dirceu de Lacerda Coutinho; o DCT, dirigido pelo general Fernando Menescal Villar; e o diretor-geral do Dentel, tenente-coronel Pedro Cardoso Ávila (*DOU*, 17.3.1967, p.3275).

Com a criação do Ministério das Comunicações, na gestão Costa e Silva, a análise é facilitada. Chama a atenção, por exemplo, que em uma estrutura tão pequena, relativamente a outros ministérios, haja um número tão elevado de militares: dos dezesseis cargos, onze são ocupados por militares.

---

18 Não era somente por meio da participação nos órgãos e comissões específicos da área que o domínio militar se apresentava. Uma análise das demandas do presidente e das decisões do Conselho de Segurança Nacional mostra isso. A despeito de não podermos avaliar isso aqui, indícios são dados pela informação de que Goulart consultou esse Conselho, em dezembro de 1961, sobre a definição da posição do governo quanto às concessões na área de telefonia, processo desencadeado, como já descrevemos, pela encampação da CTN (RS) pelo governo daquele Estado, à época, comandado por Leonel Brizola. À consulta, o CSN se declarou a favor da federalização (cf. Bandeira, 1977).

Segundo explicações dadas em entrevista realizada com Quandt de Oliveira, essa proporção, a maior do período, foi resultado da própria formação do ministério. É que ele se estruturou a partir da absorção dos órgãos já existentes, principalmente o Contel, tanto que, para garantir continuidade do trabalho no setor, o presidente desse órgão assumiu a Secretaria Geral do Ministério. Na época, acumulou os dois cargos o coronel Pedro Leon Bastide Schneider. Em seu depoimento, ele aponta não apenas para isso, mas também indiretamente para o poder que se concentrava no Contel, confirmando a hipótese levantada parágrafos atrás:

> O tema [organização do Ministério das Comunicações] foi bastante discutido e o Plenário do Contel julgou apropriado apresentar ao presidente eleito Costa e Silva, que assumiria em março de 1967, sugestão de sustar por seis meses o preenchimento do cargo de ministro das Comunicações e atribuir ao Conselho a tarefa de estudar e propor, nesse período, a estrutura administrativa e a organização do novo ministério. Durante esse trabalho, a mesma pessoa acumularia os cargos de presidente do Contel e de secretário-geral do ministério... Com essa composição seria usada a experiência do Contel e esperava-se que seriam evitados conflitos de poder durante o período de transição. Premido por pressões políticas, Costa e Silva sentiu-se forçado a atendê-las e o primeiro-ministro das Comunicações, Carlos Furtado Simas, assumiu o cargo juntamente com os demais componentes do novo governo. Sua escolha ocorreu dois dias antes da assunção e *ele já encontrou preenchido o cargo de secretário geral*. (Depoimento do comandante Quandt de Oliveira à autora em 6.1.1999, grifos nossos)

A nomeação de um civil como ministro não resultou em menor *militarização*, pois os postos mais altos do ministério foram ocupados por militares. Assim, além da já mencionada secretaria geral – órgão que não somente assessora diretamente o ministro, mas coordena toda a atividade do ministério –, as presidências do Dentel (coronel Álvaro Pedro Cardoso Ávila), do DCT (general Rubens Rosado Ferreira), da Embratel (general Francisco Augusto de Souza Gomes Galvão), e da CTB (general Landry Salles Gonçalves) estavam em mãos castrenses. Em razão dessa alta presença militar, chega-se à maior participação castrense, em termos percentuais, do governo Costa e Silva: 68,7%. Como avaliado no capítulo anterior, a proporção média de militares em cargos civis para todo esse governo é de 12%. Isso significa que toda a estruturação do Ministério das Comunicações e a formulação e primeiros passos no Plano Nacional de Telecomunicações foram dirigidas por militares. A despeito de não se poder inferir disso a total *militarização* da política do setor, não se cogita, ao revés, afirmar que a interferência castrense fosse pequena.

Quanto à participação da ESG, se ela foi pequena na totalidade da administração Costa e Silva, praticamente inexistiu no Ministério das Comunicações, pois, de todos os seus membros, apenas um, o presidente da CTB, general Landry Salles Gonçalves (matr. 000157/52), havia freqüentado seu curso. Nem mesmo o diretor da DISI passou pela Escola. Foi somente em 1969, quando exercia essa função, que o general Sérvulo Mota Lima estagiou na ESG.

Na administração Garrastazu Médici, o ministro das Comunicações vem das fileiras do Exército. Trata-se do coronel Hygino Caetano Corsetti, que havia sido, no período imediatamente anterior à sua escolha para o ministério, comandante da Escola de Comunicações do Exército.

Tomando os mesmos cargos vistos para Costa e Silva, apenas um permanece em mãos militares, o DCT, transformado em Empresa Brasileira de Correios e Telégrafos (ECT), presidida por Haroldo Corrêa de Mattos. A secretaria geral, talvez a posição mais importante na estrutura ministerial, foi ocupada por um civil até 1970, quando o coronel Pedro Schneider voltou a assumir o cargo.

Criada durante essa gestão, a Telebras (1972) seguiria a quase tradição de se ter militares na montagem da estrutura inicial das empresas de comunicação. Sua presidência seria ocupada pelo oficial da Marinha Euclydes Quandt de Oliveira.

A presença de ex-*esguianos* continua sendo pequena. Até onde pôde-se analisar, apenas o presidente da Embratel entre 1972-1974 freqüentou a Escola antes de chegar ao ministério. Da mesma forma que para Costa e Silva, o diretor da DISI somente chegou à ESG quando deixou o ministério, em 1974.

A partir da terceira administração militar, o número de cargos do Ministério das Comunicações cresce bastante em razão da organização das companhias telefônicas estaduais. Apesar de não se poder afirmar com segurança, várias delas contaram com participação de membros da caserna, notadamente nas diretorias de operação – consideradas setor sensível à segurança nacional, mas também porque os militares eram técnicos preparados. Porém, as presidências, até porque eram cargos de confiança dos governadores dos Estados, permaneciam, na maioria dos casos, em mãos civis.

A presença militar no Ministério das Comunicações na gestão Geisel repete, em linhas gerais, a verificada para gestão Médici. Assim, o ministro é o comandante Quandt de Oliveira, um militar vindo da Telebras. A secretaria geral novamente é ocupada por um civil, bem como a presidência da Telebras. Já para a ECT, o Dentel e a Embratel, são nomeados militares, respectivamente os coronéis Botto de Barros,[19] Ner Augusto Pereira e Haroldo Corrêa de Mattos, que antes havia passado pela ECT. Na direção apontada antes, a Telecomunicações do Amazonas S. A. (Teleamazon) foi presidida, nesse período, pelo coronel Hélio Augusto Canongia.

Novamente o papel da ESG foi pequeno, ainda menor se lembrarmos que a participação de seus ex-estagiários cresceu durante a gestão Geisel. No caso do Ministério das Comunicações, nem mesmo depois de já estar no ministério o diretor da DISI freqüentou a Escola. Entre os cargos de terceiro escalão e os demais, somente um membro do gabinete do ministro foi da ESG antes de 1974.

No último governo militar, Haroldo Corrêa de Mattos foi alçado a ministro das Comunicações e manteve o civil Rômulo Villar Furtado como secretário-geral do Ministério. Para o posto que fora do

---

19 A título de ilustração, registre-se que Adwaldo Cardoso Botto de Barros, um engenheiro especialista em comunicações, é considerado o modernizador dos Correios, dado que foi ele quem introduziu, na ECT, as modernas técnicas de tratamento de dados e correspondência.

ministro na Embratel, é nomeado um civil, Helvécio Gilson, o que acontece também no Dentel. Na ECT, o presidente da gestão Geisel é mantido. Porém, a Telebras passa a ser presidida pelo general José Antonio de Alencastro e Silva.[20] Cabe destacar que no governo Geisel é criado, por iniciativa conjunta do MIC e do Minicom, o Grupo Interministerial de Componentes e Materiais – Geicon, cuja finalidade era assessorar as empresas de equipamentos de telecomunicações, que acabou funcionando, segundo Maculan (1981, p.145-6), como um

> eficiente canal de negociações informais, entre o Ministério e o setor empresarial. Para o primeiro, ele atua como uma fonte de informações valiosas, sobre a evolução das importações do setor, e um elemento essencial de suas relações com outras agências governamentais, como a Cacex, pois é consultado na emissão das guias de importações da política industrial, formulada pela Secretaria Geral do Ministério. Para o segundo, ela propicia às empresas a interpretação adequada das decisões ministeriais, para que elas possam enquadrar-se nas exigências expressas.

Na verdade, a relação descrita para o Geicom entre governo e empresas do setor é comum a toda a estrutura do ministério. Tratando-se de um setor cujo funcionamento é quase um monopólio – não é diferente para outros países, mas no Brasil 98% das empresas de eletroeletrônica eram, naquela época, multinacionais –, o processo de tomada de decisões é facilitado, também porque a rotatividade interna foi baixa durante todo o regime militar. Aliás, como já mencionado, o baixo grau de rotatividade na administração pública pode ser descrito como uma política de governo, entendida esta como um objetivo perseguido e para o qual se empenharam todos os generais-presidentes.

Outra característica que sobressai nesta análise é que, vendo a rotatividade nos cargos no conjunto das gestões militares, parece

---

20 A informação sobre o presidente da Telebras está em Herz (1985). Não conseguimos confirmar a informação em nenhuma outra publicação. Adicionalmente, observamos que boa parte da diretoria da Telebras foi ocupada, nesse período, por militares.

que se estabelece um rodízio, que tem como norma a permanência, em alguma empresa importante ou setor do ministério, de militares.

Nos cargos menos graduados (e, por isso mesmo, de mais difícil identificação), pode-se dizer que a presença castrense é permanente, reforçando a idéia de composição entre civis e militares na estruturação da burocracia federal.

É para esse caminho que aponta a avaliação do Ministério das Comunicações no governo do civil José Sarney. Rompendo a cadeia estabelecida, ele nomeia um civil para ministro, o senador Antônio Carlos Magalhães. Todavia, diferentemente do que se poderia supor, o ministro faz poucas mudanças na burocracia do ministério. A secretaria-geral, por exemplo, permanece nas mãos de Rômulo Villar Furtado, enquanto para o Dentel vai Rubens Busacos, conhecido funcionário que fora do gabinete de Corsetti.

Aliás, um bom exemplo de como é formada a burocracia no Brasil está no acompanhamento da carreira de Rômulo Villar Furtado. Formado em engenharia, no início de 1960 trabalhava na Standard Eletric, uma subsidiária da americana ITT, quando foi chamado, por Quandt de Oliveira, para o Contel, auxiliando na elaboração do Plano Nacional de Comunicações. Depois, prestou serviços à Embratel. Na gestão Médici, ocupou a então criada subsecretaria do Ministério das Comunicações, e foi indicado, em 1973, para a presidência da Telest, estatal telefônica do Espírito Santo.

Quando foi nomeado ministro, Quandt de Oliveira novamente chamou Furtado para a secretaria geral do ministério, cargo em que permaneceu até a extinção do setor na gestão Fernando Collor, e quando já não temos informação sobre ele. É de supor, entretanto, que, como tantos outros, ele tenha voltado para a iniciativa privada dentro do setor, ou então se aposentado.

Na gestão Fernando Collor, como já destacado, as Comunicações são absorvidas pelo Ministério da Infra-estrutura. A despeito de quatro civis assumirem a pasta entre 1990-1992, o secretário das Comunicações é Joel Marciano Rauber, um economista vindo da presidência da ECT (1988-1990). Esta, por sua vez, é ocupada pelo engenheiro José Carlos Rocha Lima (1990-1993), e para a Embratel vai Carlos de Paiva Lopes (1990-1992), que presidia a Erickson do Brasil quando este texto foi finalizado (1999).

Como essa análise aponta, há uma *desmilitarização* (no sentido da não-permanência física de militares em postos burocráticos) da estrutura do setor de Comunicações na passagem do governo para mãos civis, pois os cargos mais importantes já não são ocupados por membros das Forças Armadas. Entretanto, não há, mesmo sob Collor, uma desestruturação completa do setor, com a mudança das práticas burocráticas. Porque representam permanência, destacam-se algumas características:

- à rotatividade maior no cargo de ministro não corresponde, no mesmo grau, a rotatividade nos cargos do setor como um todo;

- a rotatividade continua sendo majoritariamente interna, isto é, a mudança de titulares é feita por meio da nomeação de pessoas que já trabalham na área, em empresas estatais ou privadas;

- há uma predominância de engenheiros entre os que prestam serviços no setor.[21] Isso intensifica o caráter fechado, às vezes corporativo, do processo de decisão, mas também responde às características técnicas da área.

Reforçando o que dissemos, as características destacadas não são específicas do Ministério das Comunicações sob governos civis, não foram introduzidas após a chegada de Sarney à Presidência da República. Pelo contrário, elas desenvolveram-se paralelamente à organização do setor no Brasil. Isso fez que se estabelecesse uma rede própria para as decisões, as quais são formuladas e implementadas por um conjunto pequeno mas bem preparado de técnicos, os quais, muitas vezes, são militares.

O que mostra a análise das Comunicações no Brasil é que houve, e até certo ponto ainda há, um domínio dos militares sobre o proces-

---

21 Contra essa idéia, pesa o fato de não ser particular às Comunicações a predominância de engenheiros entre as profissões dos servidores públicos federais. Pelo contrário, a pesquisa de Schneider (1991) mostrou que havia muitos engenheiros na burocracia brasileira.

so de decisão do setor. Toda a política para a área, sistematizada a partir do início dos anos 60, representa, até de forma extremada, a associação entre Forças Armadas e desenvolvimento econômico. Orientação que não foi introduzida pelos generais-presidentes, e sim por Getúlio Vargas trinta anos antes – basta lembrar-se da política petroquímica.

O domínio do processo de decisão nessa área pelos militares foi altamente facilitado pela capacitação profissional deles. Lembremos que a especialização em Comunicações é uma das necessidades do preparo para a guerra. Não existia, em contrapartida, uma demanda por especialistas civis na área em razão da precariedade do desenvolvimento do setor no país. Assim, também por ter o domínio do conhecimento, as Forças Armadas acabaram por orientar sobremaneira não só as decisões, mas também a formação (as consciências) dos civis que assumiriam o controle na área.

Isso explica, ao menos em parte, não somente a grande associação entre civis e militares no interior da burocracia pública, mas também a estreita relação entre essa burocracia e as empresas privadas de telecomunicações e de eletrônica que ainda vigora no Brasil.

Também explica parcialmente o caráter endógeno da tomada de decisões, caráter este que apenas recentemente foi quebrado, ainda que não em sua totalidade. A referência aqui é o processo de concessão de canais de rádio e televisão (faixas de onda), cuja legislação hoje estabelece (a partir de 1988) a co-responsabilidade entre Parlamento e Presidência da República. Ainda assim, é a partir dos pareceres dos técnicos do Ministério das Comunicações que as decisões são tomadas.

A despeito, portanto, de os governos José Sarney e Fernando Collor terem promovido uma *desmilitarização* da burocracia do sistema brasileiro de comunicações, mediante nomeação de civis para cargos importantes, é possível perceber que houve continuidade no tratamento das demandas e, em conseqüência, nas decisões implementadas, o que aponta para a existência de uma cultura interna à burocracia que extrapola a necessidade da presença militar.

Os militares-técnicos, contudo, formados no interior da administração pública, foram em grande parte absorvidos pelas empresas que atuam na área de comunicações, isto é, continuam a exercer sua atividade nas empresas que são, na maioria dos casos, fornecedoras de material para as empresas da *holding* Telebras.

Em resumo, como salienta Maculan (1981, p.155):

> O caráter fechado ao processo decisório [que é facilitado pela organização oligopolista do setor privado e o regime de monopólio na outra ponta, a estatal], dentro da estrutura burocrática, não impede a ação do setor empresarial, que procura obter ganhos e benefícios, através de uma rede de relações informais com as agências, facilitada pela rotatividade do pessoal do setor, entre aparelho do Estado e as empresas industriais, devido à especificidade do mercado profissional.

Tudo o que dissemos, portanto, reforça a hipótese de transferência do *ethos* militar para a política. A baixa rotatividade, o estabelecimento de metas (planejamento) que muito raramente seguem as demandas de consumo etc. são traços que marcam o desenvolvimento das telecomunicações no país e são parte dos valores militares.

Como lembrou Samuel Alves Soares (1994), o *frenesi* planejador, a necessidade de apresentar várias alternativas para um problema e, ao mesmo tempo, todos se renderem a uma única resposta quando a decisão é tomada é ação típica de estado-maior, é parte do processo de socialização militar. Quando se analisa o processo de tomada de decisão no Minicom, é exatamente esse tipo de ação que prevalece. Portanto, a *militarização* das Comunicações não se reduziu à ocupação de cargos civis por militares, mas é possível perceber que esse setor é marcado, é distinguido, pelo arraigamento (ou impregnação) do *ethos* militar. É esse *ethos*, e não o político, que rege as ações de seus técnicos.

# 4
# Os militares na educação

## A Educação e a legislação de ensino

O objetivo aqui não é descrever o desenvolvimento da Educação no Brasil. Como se sabe, esse é um assunto bastante vasto e que mereceu ricas análises acadêmicas. Aqui, o que fazemos é tomar a legislação como um modo privilegiado de avaliar como a sociedade e o governo encaram essa temática, principalmente porque, coincidentemente, a primeira Lei de Diretrizes e Bases da Educação é de 1961, mesmo ano em que vem à luz o Código Brasileiro de Comunicações, aprovado em 1962.

A Educação, distintamente das Comunicações, mais que uma política da área social de qualquer governo, é um assunto que transcende os limites da administração pública, sendo uma das primeiras áreas a sofrer com as mudanças, seja no governo seja nos regimes políticos. Essa condição de área sensível – porque entendida como veículo de difusão de idéias e, portanto, de formação de consciências – levou-nos a tomá-la como um contraponto à área "técnica" (da qual nosso exemplo é o setor de Comunicações), para apreender como os governos militares agiram em relação a esse setor. Neste item, a intenção é percorrer esse caminho por meio da análise da legislação. Mesmo assim, deve-se ter em mente que, como o objetivo aqui não é estudar a educação, mas o ensino como um mecanismo que permite avaliar os projetos e as ações do governo nas políticas sociais, a análise das leis é um tanto superficial, pois restringe-se ao necessário às nossas preocupações. A análise aqui se limita às partes das constituições que tratam especificamente da Educação, pois não é necessário, dados os objetivos perseguidos, uma avaliação das cartas magnas em sua totalidade.

Essa análise da legislação deverá mostrar mudanças na concepção de ensino, que evoluiu de um assunto privativo das famílias para um problema que deveria ser abraçado pelo Estado porque essencial ao processo de desenvolvimento que estava em curso, e, mais recentemente, ainda que uma questão a ser tomada pelo Estado, a educação passa a ser encarada muito mais como um direito social que deve ser respeitado e incentivado por todos os setores da sociedade.

## A Educação nas constituições

Os direitos sociais resultaram, historicamente, de conquistas crescentes a partir dos direitos políticos,[1] e não obstante o Estado brasileiro ter lutado titanicamente para não ceder às reivindicações da sociedade civil organizada e mais ainda para que tais reivindicações não se consolidassem em "direitos". Embora, hoje tais direitos sejam rotulados como entulho deixado por um Estado paternalista e

---

1 "Como todos sabem, o desenvolvimento dos direitos do homem passou por três fases: num primeiro momento, afirmaram-se os direitos de liberdade, isto é, todos aqueles direitos que tendem a limitar o poder do Estado e a reservar para o indivíduo, ou para os grupos particulares, uma esfera de liberdade *em relação ao* Estado; num segundo momento, foram propugnados os direitos políticos, os quais – concebendo a liberdade não apenas negativamente, como não-impedimento, mas positivamente, como autonomia – tiveram como conseqüência a participação cada vez mais ampla, generalizada e freqüente dos membros de uma comunidade no poder político (ou liberdade *no* Estado); finalmente, foram proclamados os direitos sociais, que expressam o amadurecimento de novas exigências – podemos mesmo dizer, de novos valores –, como os do bem-estar e da igualdade não apenas formal, e que poderíamos chamar de liberdade *através* ou *por meio* do Estado..." (Bobbio, 1992, p.32-3).

# A MILITARIZAÇÃO DA BUROCRACIA  151

estejam sofrendo uma violação sem precedentes na história do país, a educação sempre foi objeto de nossos legisladores.

Na Constituição do Império (Campanhole & Campanhole, 1987), a preocupação com o tema se restringe a afirmar que "a instrução primária é gratuita a todos os cidadãos" (art. 179, XXXII), e que os colégios e universidades deverão ensinar ciências, belas-artes e artes. Isso é feito no último capítulo, que é o dedicado aos direitos dos cidadãos.

Mesmo relevando quem eram os cidadãos no Império, nota-se que a nossa primeira Carta republicana não representa um avanço significativo. Pelo contrário, o ensino, pela omissão dos legisladores no que lhe diz respeito, mostra que ele era encarado como uma responsabilidade exclusiva da sociedade civil. A única referência que atinge a educação está no artigo 72, § 6º, que afirma que o ensino é laico nas escolas públicas.

Assim, em relação às duas primeiras cartas brasileiras, a de 1934 traz mudanças significativas, elevando a educação e o ensino à categoria de matéria legislativa importante, e que, portanto, merece ser regulada. Isso também porque a educação se impunha como necessária pela crescente urbanização e industrialização do país, ou seja, tornara-se demanda do empresariado industrial.[2]

O artigo 5º, que estabelece as competências da União, determina que esta deverá traçar as diretrizes da educação nacional, reforçando que os poderes públicos, em todos os seus níveis, deverão "difundir a instrução pública em todos os seus graus" (art. 10º, VI).

Não está, porém, em dar espaço à educação já nos primeiros artigos da lei a sua novidade, mas sim em dedicar-lhe todo um capítulo, e mais, traçando um quadro que aponta para a adoção de uma verdadeira política de ensino, expressando, assim, uma nova correlação de forças no interior do Estado brasileiro.

---

2 Conforme lembrou Maximiliano Vicente (afirmação oral à autora), a Federação das Indústrias do Estado de São Paulo é fundada na década de 1920, mostrando preocupação com o empresariado em organizar-se como industriais. Pouco depois, no final da década seguinte, as federações industriais organizariam o "sistema S" de ensino (Sesi e Senai), refletindo justamente o interesse da classe pela educação.

É assim que à educação e à cultura são dirigidos os artigos 148 a 157. Podemos resumir os pontos importantes em:

- É dever do governo, em todos os seus níveis, incentivar a educação e a cultura (reforçando o artigo 10° já mencionado);
- A educação é direito universal e dever do Estado e da família;
- A União deve complementar o ensino em todo o país, além de ter poder fiscalizador;
- A União deve elaborar o Plano Nacional de Educação que, entre seus deveres, deverá responder à necessidade de estabelecer o "ensino primário integral gratuito e de freqüência obrigatória, extensivo aos adultos" (art. 150, parágrafo único). A gratuidade deverá ser estendida para os graus superiores de ensino paulatinamente;
- Cria o Conselho Federal de Educação;
- Ensino religioso é facultativo ao aluno, mas fará parte do horário de aulas nos estabelecimentos de ensino primário, secundário e equivalentes;
- Um mínimo de 10% da renda da União e municípios e 20% da renda de Estados e do Distrito Federal devem ser destinados à educação (art. 156);
- Cria um Fundo para a Educação. Esse fundo não somente seria destinado a custear a educação, mas também merenda, transporte, material escolar etc.;
- Garante a liberdade de cátedra e a inamovibilidade nos cargos.

Como lembra Ferreira (1986, p.13): "a Constituição deve ser o espelho fiel da realidade, deve ser também um *instrumento normativo*; ela deve traduzir, num plano o mais possível próximo do real, aquilo que seria o ideal a atingir" (grifo nosso). O constituinte de 1934 buscou conciliar essas duas visões, mas, no que se restringe à educação, o discurso superou a realidade e, até pelo curto período em que esta Constituição teve vigência, jamais chegou-se a cumprir a lei: não se elaborou um Plano Nacional de Educação e também não houve a aplicação de recursos designados na Carta.

## A MILITARIZAÇÃO DA BUROCRACIA    153

Isso não impediu, entretanto, que, de uma forma ou de outra, os princípios nela contidos permanecessem em todas as outras constituições brasileiras e refletissem nas duas Leis de Diretrizes e Bases da Educação conhecidas no período de que trata este estudo. Não que a partir de 1934 não haja mais inovações, muitas delas representarão, mesmo, retrocessos no papel dos poderes públicos em relação a ela. O que se defende aqui é que a Carta de 1934 passa a funcionar como parâmetro tanto para avaliar quanto para normatizar os planos para o ensino nacional – exemplo eloqüente está na introdução do ensino religioso, de matrícula facultativa, nas escolas públicas que permanece em todas as demais constituições brasileiras. Nessa mesma linha, desaparece, a partir de 1934, o termo laicidade de todas as demais Cartas (Fávero, 1996).

Essa percepção, de modelo que assume a Carta de 1934, se confirma quando se analisa a Constituição de 1937. Esta, decretada em 10 de novembro, dava estrutura legal ao Estado Novo. Na parte dedicada à educação, vê-se o interesse do legislador (ou do ditador?) em relacionar educação e trabalho, isto é, a educação de que trata a Carta é a educação para o trabalho.

As conquistas de 1937 são aqui restringidas às classes menos favorecidas. É assim que, embora mantenha a obrigatoriedade do ensino primário, a gratuidade torna-se facultativa (art. 130); o dever do Estado resume-se a complementar o da família e busca-se unificar o discurso educacional por meio da obrigatoriedade constitucional da educação física, do ensino cívico, e de trabalhos manuais em todos os níveis e sistemas de ensino (art. 131).

Essa Carta, porém, tinha um caráter muito particular: nas palavras de Affonso Arinos, era uma Constituição "imperfeita", pois jamais se planejou aplicá-la. Ela somente visava fornecer uma aparência de legalidade a uma ditadura civil. É assim que a lei somente era cumprida naquilo que condizia com a centralização do poder nas mãos do presidente da República, criando um Executivo muito mais forte do que os outros poderes. Dessa forma, e não somente no que se limita à educação, ela representou um freio a todos os movimentos de autonomia que se esboçavam no país naquele período (Mathias, 1991).

Com o final da Segunda GuerraMundial e o movimento mundial em favor da democracia, o Estado Novo entra em declínio e, com isso, ganha impulso o movimento por eleições e por uma nova constituinte, o que acontece sob o governo provisório de José Linhares que, por meio da Lei Complementar n.13, de 12 de novembro de 1945, estabelece que o Congresso eleito teria poderes constitucionais (Benevides, 1981). Comparado às outras cartas, o texto da de 1946 é considerado o mais democrático. Isso se explica menos pela presença de questões fundamentais em relação à construção da cidadania e mais porque foi sob sua égide que vivemos um dos maiores interregnos democráticos da história do país. Apesar disso, o debate sobre educação pôde refletir uma falta de consenso das elites sobre o tema, ao mesmo tempo que mostrou a necessidade de que fosse elaborada uma legislação específica a respeito (Freitag, 1979).

Os temas mais polêmicos presentes nas discussões constitucionais giraram em torno da relação entre o Estado e as demais esferas da vida social. É assim que há, de um lado, a polarização entre Estado e Igreja sobre o ensino religioso nas escolas públicas, e, de outro, sobre a quem cabia o dever de educar, se à família ou ao Estado (Oliveira in Fávero, 1996).

O que ficou no texto, porém, repete a Carta de 1934, transformando os preceitos desta nos princípios daquela, resumidos no artigo 168, que determina:

> A legislação de ensino adotará os seguintes princípios: I – o ensino primário é obrigatório e só será dado na língua nacional; II – o ensino primário oficial é gratuito para todos; o ensino oficial ulterior ao primário sê-lo-á para quantos provarem falta ou insuficiência de recursos; III – as empresas industriais, comerciais e agrícolas, em que trabalhem mais de cem pessoas, são obrigadas a manter ensino primário gratuito para seus servidores e os filhos destes; IV – as empresas industriais e comerciais são obrigadas a ministrar, em cooperação, aprendizagem aos seus trabalhadores menores, pela forma que a lei estabelecer, respeitados os direitos dos professores; V – o ensino religioso constitui disciplina dos horários das escolas oficiais, é de matrícula facultativa e será ministrado de acordo com a confissão religiosa do aluno, manifestada por ele, se for capaz, ou

pelo seu representante legal ou responsável; VI – para o provimento das cátedras, no ensino secundário oficial e no superior oficial ou livre, exigir-se-á concurso de títulos e provas. Aos professores, admitidos por concurso de títulos e provas, será assegurada a vitaliciedade; VII – é garantida a liberdade de cátedra. (Campanhole & Campanhole, 1987, p.273).

Percebe-se que o grande avanço dessa Carta encontra-se na preconização da necessidade de um Plano Nacional para a Educação, consubstanciado na defesa de legislação específica que estabeleça as diretrizes da educação nacional (art. 5°).

Embora vigente até 1967, a Constituição de 1946 foi bastante mutilada a partir de 1964 – o que revela uma das peculiaridades do regime autoritário brasileiro, no qual os militares procuraram sempre lhe dar uma roupagem legal, com a edição dos atos institucionais e complementares, ainda que isso significasse constantes agressões à Carta Magna.

Apesar de nenhum desses tratar especificamente do ensino, cada uma das mudanças atingiu fortemente o modo como vinha sendo conduzida a matéria pelo país. Basta dizer que "no âmbito de atuação da Lei Fundamental de 1946, a autonomia chegou até à soleira do município. Pois bem, perfeitamente dentro da idéia do aperfeiçoamento do processo educacional, a Constituição deu autonomia pedagógica à esfera municipal" (Boaventura in Fávero, 1996, p.196). Entretanto, contrariando fortemente preceitos como esse, o governo iniciado em abril de 1964 retomou o processo de centralização do poder no Executivo federal (repetindo de certa forma 1937).

Pode-se dizer que a Constituição de 1967[3] – aqui tomada em conjunto a Emenda n.1, de 1969, que, dado o volume de modificações, ficou conhecida como uma nova Constituição – foi um grande

---

3 A Constituição de 1967 foi fruto da transformação do Congresso Nacional em Constituinte por meio do Ato Institucional n.4, de 7 de dezembro de 1966. Portanto, muitos dos constituintes votaram a nova lei em final de mandato, já que não haviam sido reeleitos. Outra peculiaridade é que esse Congresso se reuniu logo após seu fechamento pelo governo (outubro) e interdição do prédio por tropas do Exército.

divisor de águas na política brasileira, o que se refletiu no capítulo sobre educação. Corroboram essa visão algumas particularidades, geralmente esquecidas ao se tratar da Constituição de 1967. Como já lembrado, uma das particularidades do regime autoritário brasileiro foi o apetite por medidas legais dos governos. A Carta de 1967 se inscreve nessa necessidade, implicando a incorporação daquelas medidas adotadas a partir de 1964. Em segundo lugar, está a elevação da Segurança Nacional à categoria de motivação para a vida coletiva no Brasil. Conforme explicitamos há algum tempo,

É desta forma que todos se tornam responsáveis pela segurança nacional, como demonstra o Art. 89, e são responsáveis por ela sem, no entanto, participar de sua formulação, a qual cabe ao Conselho de Segurança Nacional. Este caráter de responsabilidade é ainda mais exacerbado pelo Art. 93 que amplia o dever dos brasileiros ao estatuir não só o serviço militar obrigatório, mas "outros encargos necessários à segurança nacional", encargos que são extensivos às mulheres e aos eclesiásticos (parágrafo único). Deste modo, todos tinham dever legal de zelar pela ordem interna e sua omissão ou ação contrária a esta ordem poderia significar um atentado à segurança e, portanto, passível de responsabilização. (Mathias, 1991, p.29)

No que tange especificamente à educação, o projeto do Executivo, e que finalmente foi adotado, abandona totalmente as concepções contidas na Carta de 1946, bem como princípios consagrados do direito constitucional brasileiro (Horta in Fávero, 1996). As mudanças mais significativas são: restrição da obrigatoriedade de ensino em termos de idade (dos sete aos quatorze anos) e não por grau de ensino — apesar da ampliação dos anos de escolaridade obrigatória com a criação do 1º grau englobando oito anos de ensino e não os quatro do até então ensino primário —;[4] gratuidade restrita ao ensino primário ou de primeiro grau; silencia quanto ao financiamento da educação; ambigüidade em relação à remuneração dos professores de religião; incentivo para as empresas quanto à manutenção da educação de seus empregados e filhos destes — que será substituído pela instituição do salário-educação em 1969 –; e a restrição velada à liberdade de cátedra.[5]

Como diversos especialistas apontam, as discussões em torno dos princípios constitucionais a serem adotados em 1967 e 1969 representam o embate interno ao governo entre o Ministério da Educação e o do Planejamento. Por sua vez, os textos consagrados em ambas as cartas descrevem a vitória dos técnicos e planejadores sobre os educadores, como se esclarece na análise das reformas legislativas adotadas no período.

Outro tema consagrado na Carta de 1967-1969 é a relação entre educação e trabalho. Se isso era apenas sugerido em 1937, aqui ele volta com toda força, mostrando que à educação deveria caber a formação para o trabalho como prioridade máxima, pois só assim ela responderia à necessidade de desenvolvimento que o país abraçava.

Diante de todas as constituintes brasileiras, a de 1987-1988 foi a que ganhou maior participação da sociedade civil, a despeito de ser também um Congresso e não uma Assembléia Constituinte. Boa parte da explicação disso talvez esteja nos vinte anos de regime autoritário e nas limitações legais que lhe deram forma. Também explica o porquê de a expressão de intenções ganhar relevância ante a adoção de preceitos ordenadores das relações sociais.

---

4 Na verdade, muito mais do que uma preocupação com a escolaridade do brasileiro, a adoção de oito anos de ensino obrigatório representava a tentativa de aproximação do sistema do país daquele vigente nas grandes potências, "referência e alvo do desenvolvimento" (Cunha, 1983, p.280 ss.).

5 A Carta de 1967 afirma a liberdade de cátedra como princípio para o ensino (art. 168, § 3º, VI). Porém, a Emenda de 1969 adota como princípio "a liberdade de comunicação de conhecimentos no exercício do magistério, *ressalvado o disposto no artigo 154*" (art. 176, § 3º, VII, grifos nossos). O artigo 154, por sua vez, estatui: "O abuso de direito individual ou político, com o propósito de subversão do regime democrático ou de corrupção, importará a suspensão daqueles direitos [direitos e garantias individuais] de dois a dez anos, a qual será declarada pelo Supremo Tribunal Federal...", negando, na prática, a liberdade não só de cátedra, mas também de expressão. Quanto ao financiamento do ensino, ao não manter o vínculo automático de verbas orçamentárias para a educação, a lei deixava ao arbítrio dos governantes matéria tão sensível, o que significou, na prática, redução das verbas do MEC no orçamento da União.

Em relação à Carta anterior (1967 e 1969), a grande mudança está na adoção de um texto que em nada lembra o domínio da segurança nacional. Ao contrário, o eixo definidor da lei agora está na construção e no respeito à cidadania, com a ampliação de direitos e garantias ao indivíduo. É por isso que a primeira referência à educação aparece já no capítulo II, que diz no seu artigo 6º: "São direitos sociais a educação, a saúde, o trabalho, o lazer, a segurança, a previdência social, a proteção à maternidade e à infância, a assistência aos desamparados, na forma desta Constituição".

Assim, as mudanças substanciais estão no texto tomado em sua totalidade muito mais do que nos temas específicos. É o que se depreende quando se avalia o capítulo dedicado à educação. Neste, apesar das tentativas de alargamento dos direitos, nota-se a quase repetição dos preceitos das cartas de 1934 e 1946.

Desse modo, a Carta consagra o direito de todos à educação e o dever do Estado e da família de proporcioná-la (art. 205), tendo como princípios a igualdade e a pluralidade de concepções, inclusive pedagógicas – uma novidade dessa Carta –; a liberdade de professores e alunos; a gratuidade do ensino fundamental e sua progressividade para o ensino médio etc.

A aplicação na totalidade dessa última lei ficou na dependência da reformulação da Lei de Diretrizes e Bases. Como os debates em torno dessa nova legislação se prolongaram por dez anos, permaneceu em vigor a Lei n.5.692/71 naquilo que não feria a nova Constituição.

Essa síntese do quadro constitucional brasileiro permite perceber uma evolução no pensamento legal sobre educação que vai de sua autonomia em relação ao Estado à sua subordinação às necessidades de formação do cidadão, passando pela sua subordinação aos interesses do mercado. Nesse movimento, descontínuo e tortuoso, sobressai uma certa idéia de "sístoles" e "diástoles" também a refletir na educação. Nesse sentido, é pertinente a hipótese de que a legislação sobre educação espelha a própria forma que assumem os diferentes regimes políticos. Porém, antes de aceitar essa explicação, é necessário avaliar as leis específicas do ensino.

A MILITARIZAÇÃO DA BUROCRACIA 159

## As Leis de Diretrizes e Bases

Duas são as leis de ensino que têm vigência no período deste estudo. A 4.024/61 passa a vigorar em 1961 após dezesseis anos de longas discussões entre especialistas e governo. Essa lei, conforme adverte Freitag (1979), já nasce ultrapassada e reflete – tanto pelo tempo que levou para a sua formulação quanto pelo tipo de discussão proposto – a falta de consenso que permeava as classes dominantes do período, pois representa a conciliação entre dois projetos antitéticos (Mariani e Lacerda), daí os problemas que ela cria, sendo o mais importante a "disfuncionalidade" do sistema de ensino para o próprio sistema dominante que a lei visaria (em tese) garantir.

A outra lei feita durante o período é a 5.692/71, que é, na verdade, uma reforma da legislação de 1961. E, ainda seguindo os passos de Freitag, padece de males opostos à originária. Isso porque, enquanto a 4.024/61 levou dezesseis anos para ser elaborada, a 5.692/71 ficou pronta em menos de sessenta dias.

A despeito de ter sido elaborada em sessenta dias, a feitura da Lei n.5.692/71 e também da 5.540/68, conhecida como Lei da Reforma Universitária, foi precedida de uma série de medidas implementadas sob a direção do setor de planejamento do governo e que ficaram conhecidas como Acordo MEC-Usaid. Este, segundo os educadores, representa a verdadeira invasão dos tecnocratas na área de educação, substituindo, com perda de qualidade, os educadores e especialistas na formulação de políticas de ensino. As principais medidas do Acordo foram:

a) 26 de junho de 1964: acordo MEC-Usaid para aperfeiçoamento do Ensino Primário; b) 31 de março de 1965: acordo (Conselho de Cooperação Técnica da Aliança para o Progresso) Usaid para a melhoria do ensino primário médio; c) 29 de dezembro de 1965: acordo MEC-Usaid para dar continuidade e suplementar com recursos e pessoal o primeiro acordo para o ensino primário; d) 5 de maio de 1966: acordo do Ministério da Agricultura-Contap-Usaid, para treinamento de técnicos rurais; e) 24 de junho de 1966: acordo MEC-Usaid, de assessoria para expansão e aperfeiçoamento do quadro de professores de ensino médio e proposta de reformulação das faculdades de Filosofia do Brasil; f) 30 de junho de 1966: acordo MEC-Usaid, de assessoria para a modernização da administração universitária; g) 30 de dezembro de 1966: acordo MEC-Inep-Contap-Usaid, sob a forma de termo aditivo dos acordos para aperfeiçoamento do ensino; nesse acordo aparece pela primeira vez, entre os objetivos, o de "elaborar planos específicos para melhor entrosamento da educação primária com a secundária e a superior"; h) 30 de dezembro de 1966: acordo MEC-Sudene-Contap-Usaid, para a criação do Centro de Treinamento Educacional de Pernambuco; i) 6 de janeiro de 1967: acordo MEC-SNEL (Sindicato Nacional dos Editores de Livros)-Usaid, de cooperação para publicações técnicas, científicas e educacionais (por esse acordo, seriam colocados, no prazo de três anos, a contar de 1967, 51 milhões de livros nas escolas; ao MEC e ao SNEL caberiam apenas responsabilidades de execução, mas aos técnicos da Usaid o controle, desde os detalhes técnicos de fabricação do livro até os detalhes de maior importância como: elaboração, ilustração, editoração e distribuição de livros, além da orientação das editoras brasileiras no processo de compra de direitos autorais de editores não-brasileiros, vale dizer, norte-americanos); j) acordo MEC-Usaid de reforma do primeiro acordo de assessoria à modernização das universidades, então substituído por assessoria do Planejamento do ensino superior, vigente até 30 de junho de 1969; k) 27 de novembro de 1967: acordo MEC-Contap-Usaid de cooperação para a continuidade do primeiro acordo relativo à orientação vocacional e treinamento de técnicos rurais; l) 17 de janeiro de 1968: acordo MEC-Usaid para dar continuidade e complementar o primeiro acordo para desenvolvimento do ensino médio. (Cunha, 1988, p.33-4)

O período entre 1965 e 1970 foi marcado, mundialmente, pela discussão em torno da educação e do ensino. Entre os fatores que contribuíram para colocar o tema na ordem do dia estão as revoltas estudantis de maio de 1968 na Europa. No Brasil não foi diferente. Contudo, enquanto lá fora houvesse o engajamento de toda a sociedade na discussão, levando de dois a quatro anos para encontrar uma solução ainda que provisória para as políticas educacionais, aqui a reforma do ensino foi feita às pressas por especialistas do governo nomeados para essa finalidade. Nesse aspecto, o grupo de trabalho constituído pela Presidência da República para elaborar a proposta de reforma de ensino de 1º e 2º graus era composto pelo padre José de Vasconcelos (presidente), Valnir Chagas (relator), Aderbal Jurema, Clélia de Freitas Capanema, Eurides Brito da Silva, Geraldo Bastos da Silva, Gildásio Amado, Magda Soares Guimarães e Nise Pires.

Segundo Saviani (in Garcia, 1978), é essa diferença na discussão das duas Leis de Diretrizes e Bases que aponta para o caráter liberal da primeira, de 1961, e a tendência tecnicista da segunda, de 1971. Também pode ser creditado a essa origem o fato de a Lei n.5.692/71 ser mais pragmática e objetiva que a 4.024/61, que repete muitos dos preceitos da Constituição de 1946. Porém, essa última é mais abrangente, estabelecendo os princípios que regem todo o ensino nos seus diferentes graus, enquanto a 5.692/71 já não trata da educação universitária – que havia sido reformada em 1968 por meio da Lei n.5.540/68.

Nessa mesma direção, a reforma de 1971 é muito mais explícita no que se refere à relação entre educação e trabalho. Se na Lei n.4.024/61 isso estava apenas em germe, na 5.692/71 constitui o principal objetivo a ser atingido pelo ensino: a preparação para o trabalho, conforme está escrito no seu artigo 1º O que foi reforçado pela instituição do ensino profissionalizante no 2º grau (art. 4º, § 3º),[6] com início da introdução das disciplinas nas duas últimas séries do 1º grau com caráter de "sondagem de aptidões" (art. 5º, § 2º, letra "a"), e, mais explicitamente, pela responsabilidade que assume o poder público em fazer avaliações periódicas para estabelecer cursos e volume de vagas para o 2º grau em razão das necessidades do mercado (art.5º, § 2º, letra "b").

Sob inspiração dessa lei, houve ainda a redução das disciplinas humanistas para dar lugar tanto à obrigatoriedade do ensino de educação moral e cívica, programas de saúde e educação artística (art. 7º e Decreto-Lei n.869/69), quanto à formação especial profissionalizante.

---

6 O ensino profissionalizante deixou de ser obrigatório para o 2º grau em 1982, por iniciativa do CFE e foi regulamentado pela Lei n.7.044, de 18.10.1982.

Em poucas palavras, a lei de 1961, refletindo o próprio momento histórico de que também foi um dos produtos, parece muito mais democrática e abrangente, também porque se recusa a legislar sobre todos os aspectos e graus de ensino, instituindo a autonomia dos Conselhos Estaduais de Educação, aos quais caberia a fixação dos princípios específicos da educação nas regiões. Trata-se de uma lei mais geral em comparação com sua sucessora e que reflete a ideologia daquele momento. Da mesma forma, a Lei n.5.692/71 espelha a necessidade de controle, estabelecendo a doutrina do currículo, que se traduz na existência de um conjunto disciplinar e programático comum aos diferentes Estados do país, e em um controle maior do centro sobre o conjunto.

Nessa mesma direção, as diversas medidas adotadas pelo governo entre 1964 e o estabelecimento das leis de reforma do ensino visavam acima de tudo ao disciplinamento educacional. Para citar apenas alguns exemplos, há o Decreto-Lei n.477, que institui o jubilamento – como forma de contornar a democratização introduzida pela organização do vestibular –, e o Decreto-Lei n.869, que torna obrigatório o ensino da Educação Moral e Cívica em todos os níveis de ensino, este último instituído pela junta militar em setembro de 1969.[7]

## A Educação no discurso e na política governamental

Se as políticas de comunicação foram objeto de importantes modificações durante a vigência do governo militar, a educação sempre foi palco de preocupações dos governantes, fazendo dela reflexo de

---

7 Lembremo-nos de que o ensino de Moral e Cívica há muito vinha sendo pensado, tendo havido diversas intervenções nesse sentido nas discussões do Conselho Federal de Educação, bem como nos Estaduais, desde sua criação. A não-introdução dessa disciplina mostra a falta de consenso que cercava a discussão, o que talvez explique a sua transformação em disciplina obrigatória para todos os níveis de ensino por meio de um decreto da junta militar.

seus objetivos políticos. É assim que em praticamente cada governo tem-se uma reforma de ensino. Desse modo, sob a batuta dos militares, o ensino de 1º e 2º graus conhecerá sua décima reforma só no período republicano. As anteriores foram as seguintes: Benjamim Constant (1890); Amaro Cavalcanti (1892); Epitácio Pessoa (1901), Rivadávia Corrêa (1911); Carlos Maximiliano (1915); João Luiz Alves (1925); Francisco Campos (1931); Gustavo Capanema (1942); LDB (1961); (Germano, 1994); e o ensino universitário não foi esquecido pelo governo dos militares.

Por isso mesmo, é possível considerar essas reformas como a verdadeira política pública de educação, entendendo por isso, conforme já expressado, o conjunto de ações ou intenções dos governantes com relação a determinada área. No caso específico aqui discutido, a política de educação é composta pelo conjunto de medidas que objetivam mudanças nessa matéria.

Da mesma forma que já feito para Comunicações, a análise da política de educação no período 1963-1990 será baseada em três orientações. Na falta de um plano nacional de educação, avaliaram-se as reformas introduzidas no ensino durante o período militar, mas considerando que estas se iniciaram no governo civil. Depois, para saber qual a posição da educação nas prioridades governamentais, tomaram-se os planos econômicos e os discursos presidenciais. A partir dessas três variáveis, pôde-se alinhavar o que foi a Política Pública de Educação e como a visão militar de mundo nela refletiu, e, portanto, qual foi a influência das Forças Armadas nessa área.

## As reformas no ensino

Se a ênfase ao tratar da legislação de ensino recaiu sobre o 1º e 2º graus, neste item, até para evitar repetições, sublinha-se a educação universitária e, conseqüentemente, a sua reforma, introduzida justamente em 1968, mesmo ano em que o governo baixou o AI-5.

No governo João Goulart, especialmente no seu último período, as questões relativas às reformas de base ocupavam a ordem do dia.

Entre as propostas, figurava a reforma do ensino, com destaque para a educação superior.

Sendo a reforma do ensino prioridade de governo, este permitiu a instalação no país de uma comissão da United States Agency for International Developement (Usaid), que, diferentemente do que prevaleceu mais tarde, tinha por tarefa avaliar a situação do ensino no Brasil a partir de uma série de pesquisas estatísticas (Stepan, 1975, p.168).

A despeito de não ter sido capaz de levar a cabo suas idéias, consubstanciadas no Plano Trienal de Desenvolvimento, muitas das propostas do presidente João Goulart acabam por influenciar o governo de seus sucessores. Na Educação, foi o que aconteceu. Um exemplo é que no famoso Comício da Central, realizado em 13 de março de 1964, Goulart anuncia as reformas de base, entre elas está a reforma do ensino universitário, que assegurava "plena liberdade de ensino" e abolia a vitaliciedade de cátedra, medidas estas adotadas pelos governos militares (Bandeira, 1977).

Aliás, havia consenso quanto à necessidade das reformas, e, portanto, estas independiam do poderoso de plantão. A percepção insuspeita do governo inglês corrobora essa afirmação. Segundo o embaixador *Sir* Leslie Fry, em avaliação para seu governo datada de 6.4.1964,

> Eu estou certo de que a maioria dos brasileiros está aliviada com o afastamento do Sr. Goulart e seu séquito, composto apenas de extremistas e oportunistas. O país, de uma maneira geral, estava cansado de sua administração vacilante e cada vez mais preocupado com sua propensão indigna por demonstrações de esquerda. No entanto, sem dúvida, existe um forte sentimento de que algumas das reformas que o presidente defendia – mas que fez muito pouco para implementá-las – deveriam ser adotadas, pois existem crescentes expectativas a serem atendidas. (apud Cantarino, 1999, p.130)

A despeito de a lei que institui a reforma universitária datar de 1968, várias medidas a antecedem e são formuladas desde a primeira hora do governo militar. Em continuidade aos trabalhos iniciados durante o governo João Goulart, a Usaid elabora um relatório que ganha o nome de seu presidente, Atcon (1966); o governo edita os Decretos-Lei n.53, em 1966, e 252, em 1967, definindo as bases da reforma; a elaboração de alguns projetos de extensão universitária que posteriormente seriam implementados, tais como o Crutac, o Rondon e o Mauá (1966); cria ou estimula comissões e fóruns de discussão a respeito do tema, como a Comissão Meira Mattos (1967) e o fórum "A educação que nos convém" (1967), iniciativa conjunta do governo, da PUC-RJ e do Jockey Club do Brasil.

Os documentos oriundos dessas iniciativas acabaram por produzir uma série de sugestões, muitas adotadas, entre as quais se destacam: extinção do sistema de cátedras; introdução da organização departamental; plano de carreira docente com introdução do tempo integral; divisão curricular em dois ciclos, um básico e um profissionalizante; integração das atividades de ensino e pesquisa; ênfase na pós-graduação etc.

Todas essas medidas, de alguma maneira, já vinham sendo exigidas pela sociedade antes de março de 1964. Tanto isso é verdade, que se pode dizer que a reforma introduzida pela Lei n.5.540/68 fora em parte testada pela UnB, desde 1961, e pelo ITA, desde 1947.

Assim, conforme especialistas ressaltam, essas medidas não representam somente os anseios modernizadores do regime militar, mas, antes, vão ao encontro de demandas difusas presentes na sociedade. É o que se depreende, por exemplo, da avaliação de Florestan Fernandes (1975, p.211), um crítico do regime, mas que não se furta a indicar os pontos positivos da lei:

> Por mais severas que sejam as críticas a serem feitas às implicações tecnicistas (ou tecnocráticas) das orientações dominantes no GT [Grupo de Trabalho da Reforma Universitária], uma coisa é patente. Pela primeira vez se tenta equacionar os problemas do ensino superior tendo-se em vista relações entre meios e fins, questões de custeio e de captação de recursos, problemas de crescimento e de programação ou planejamento educacionais.

Um dos graves problemas que a reforma do ensino universitário deveria resolver era a questão dos excedentes, os postulantes a uma vaga na universidade que, embora alcançassem a nota necessária ao seu ingresso, não podiam entrar na faculdade, pois não havia vagas. Isso, entretanto, foi parcialmente resolvido por vias outras que não a própria mudança no processo de seleção. Num primeiro caso (e talvez isso possa ser considerado como próximo ao projeto militar de construção do "Brasil Potência"), aumentou-se o peso relativo das carreiras tecnológicas em detrimento das humanidades, cumprindo inclusive proposta da Usaid, o que explica grande parte dos protestos estudantis da época. Também porque, como ressalta Fiechter (1974, p.201), em 1966

as faculdades mais freqüentadas são, em ordem decrescente: direito, filosofia, ciências sociais e letras, engenharia, economia, medicina, odontologia, agronomia, arquitetura, etc. O elemento feminino representa 25% do total e se acha principalmente nas faculdades de filosofia.

Também como reflexo de uma visão militar do ensino, como admitirá Jarbas Passarinho, em entrevista realizada em 11.12.1998, e para solucionar o problema do ensino superior,

O grupo de trabalho que elaborou o anteprojeto de reforma universitária recomendou a reforma do ensino médio como medida indispensável ao crescimento "ordenado" do ensino superior. Ele devia ser profissional, passando a desviar para o mercado de trabalho um grande número de demandantes potenciais dos cursos superiores. (Cunha, s. d., p.144)

Se entendermos por *militarização* a passagem de traços e valores militares para uma dada política, então o viés que possibilita uma avaliação disso no que se refere à educação necessariamente estará ligado a esses dois aspectos. Ressalte-se, entretanto, que a bibliografia consultada não permite afirmar que foram somente os valores militares que nortearam as ações arroladas. Pelo contrário, fizeram-se acordos e composições. Por exemplo, com referência à profissionalização do ensino de 2º grau, se Jarbas Passarinho, na época ministro da Educação, frisa que a introdução da terminalidade foi um traço militar, apressa-se em explicar que a sua obrigatoriedade foi resultado da ação dos parlamentares paulistas, enfatizando não só o acordo entre o governo e os empresários, mas também qualificando-os: eram aqueles que necessitavam de mão-de-obra especializada que queriam o segundo grau profissionalizante. Em entrevista realizada em 1998, estas foram as palavras do senador:

a bancada de São Paulo me deteriorou a Lei. Como? Nós não queríamos obrigatoriedade de profissionalização. Nós sabíamos que 75% do alunado já se encaminhava para a profissionalização. Como? Escolas normais, fazer professores; escolas técnicas federais; colégio agrícola, começava o colégio industrial, tudo isso já existia. Então, nós queríamos que a profissionalização se fizesse, isso realmente era o ideal para nós ... – talvez aí entre o cacoete militar, não é? –, porque quando você é aluno da Escola de Cadetes, eu termino pronto pra ser sargento, quer dizer, eu aprendo que o soldado fez o cabo e o sargento. Quando eu chego na Escola Militar, eu me preparado pra chegar a tenente e até a capitão, como capitão sou obrigado a aperfeiçoamento e depois, se eu pretendo chegar a general, tenho a Escola de Estado Maior. Então você pra chegar aqui, a ser sargento, ele deve saber o que o soldado faz, deve saber ensinar claramente. Nós tínhamos a idéia de que a partir do momento que nós fazíamos completar os 8 anos, começou a 1ª, 2ª, 3ª, até a 8ª, que aqui na 8ª série do 5.692, quando acabasse, houvesse, de preferência, uma profissionalização, que já seriam as escolas técnicas, as escolas normais ... pra preparar o aluno contra o infortúnio que na vida pode aparecer ... ele já tinha uma função. Mas, quando tornaram isso obrigatório, quebrou a cara, porque nossa lei previa dois períodos, 8 anos no 1° grau e 3 anos, e já aplicamos esses 3 anos ou 5 para fazer o 2° grau, dentro daquele princípio de departamentalização, que até hoje eu defendo. Eu acho realmente que para uma economia de meios é uma coisa correta. Bom, aí eles botaram a obrigação e não aumentaram o número de horas ... Infelizmente, foi a bancada de São Paulo.

Para revelar, entretanto, o quanto os militares influenciaram os caminhos da Educação, os analistas costumam ir noutra direção, qual seja, a de relacionar os objetivos dos governantes fardados com os das classes dominantes e, dessa composição, lançar um olhar sobre as políticas de educação como mecanismos de construção da hegemonia (no sentido gramsciano do termo) e de controle social. Para essa discussão, todas as iniciativas do governo pós-64 objetivavam, por um lado, garantir mão-de-obra qualificada e, por outro, a adesão ao projeto do governo. Nessa linha de pensamento, é quase unânime entre os pedagogos a visão de que projetos como o Mobral visavam muito mais engrossar o eleitorado da Arena do que resolver ou minimizar o problema do analfabetismo. É o que defende, por exemplo, Luis Antonio Cunha (1983). O resultado de toda a política de educação é, então, de cunho privatizante e tecnicista (Manzine-Covre, 1993).

No que se refere à privatização do ensino, contam ainda a favor medidas governamentais na regulamentação do salário-educação (Melchior, 1987). Conforme a Lei n.4.440/64, que estatui e regulamenta o salário-educação, cabia às empresas com mais de cem empregados oferecer-lhes ensino primário como também aos filhos destes, fosse por meio de organização de salas de aulas fosse por meio de convênios com escolas particulares; se o fizessem, elas tornar-se-iam isentas daquela contribuição.

Como os conselhos e secretarias de Educação passaram, contudo, a ser ocupados por donos de escolas particulares, eles tinham grande interesse em aprovar convênios que fossem benéficos às suas empresas. Isso significou, na prática, um desvio da ordem de 40% dos recursos devidos, segundo dados do próprio MEC. Com isso, na impossibilidade de angariar fundos para a educação pública, muitos municípios privatizaram sua rede de escolas a partir de convênios com as empresas que desviavam o dinheiro do salário-educação e dirigiam as novas escolas. Como notam Cunha & Góes (1988, p.45): "Foi a forma mais ousada de submeter o ensino público ao controle do capital privado: não havia sequer a intermediação da administração pública".

Essa prática atingiu proporções tais que o governo Figueiredo viu-se comprimido a alterar a lei, mantendo a possibilidade de isenção do salário-educação apenas para as empresas que comprovadamente mantivessem, elas próprias, escolas de 1º grau para funcionários e filhos destes, ou por indenização direta do ensino destes em estabelecimentos particulares.

## A Educação no discurso oficial

A base para as teses que defendem que a educação durante o regime autoritário foi privatizante e tecnicista está no discurso do período, tanto aquele representado pelo setor econômico, e concretizado nos planos nacionais de desenvolvimento de cada governo, quanto o do setor político, particularmente os proferidos pelos presidentes da República.

Do ponto de vista da disciplina no interior das escolas e das prioridades elegidas, é possível perceber, já em Castelo Branco, que a visão compartilhada pelos membros do governo sobre educação é bastante diferente da que prevalecia antes do 1º de abril. Porém, o mesmo não pode ser dito em relação à necessidade de reforma do ensino superior, de ampliação dos anos de ensino de 1º grau, e de sua universalização.

No Plano Trienal de Desenvolvimento (1962), além da afirmação da necessidade de reforma do ensino superior, conforme já avaliado, e apesar dos vultosos investimentos exigidos, estabelecem-se como meta a ser atingida até 1965 "seis anos de educação primária a todos os brasileiros das zonas urbanas e quatro anos a todos os brasileiros das zonas rurais; oportunidade de educação ginasial a 40% da população de 12 a 15 anos e oportunidade de educação colegial a 20% da população de 16 a 18 anos" (Brasil, 1962, p.91).

Essas metas são apenas ampliadas nos governos militares, e muitas delas são de fato atendidas, como a reforma universitária e a ampliação dos anos de escolaridade obrigatória – não para seis anos, e sim para oito anos. Mas, como já indicado, é na ênfase em determinados aspectos que se percebem as nuanças. Os governos militares, ao se referirem à educação, procurarão mostrar que a escola é local de ensino e aprendizado profissional, jamais de exercício da política (mais recentemente, cidadania). O espaço reservado para esta no interior das academias deve se restringir aos cursos de Moral e Civismo. Castelo Branco (1967, p.75) é claro a respeito:[8]

> Desenvolto era o *impasse estudantil* ... Graças, porém, a um esforço determinado e bem orientado, foi possível desmascarar-se a tutela do dinheiro e as agências de subversão. Vitalizou-se o ensino, restabeleceu-se a autoridade das direções escolares, e a quase totalidade dos alunos se encontra efetivamente voltada para o ensino e os problemas que lhes são pertinentes. (grifos no original).

O caráter mais profissional e técnico que deveria adquirir o ensino, principalmente nos graus médio e superior, a terminalidade que deveria ter o ensino médio e o resgate dos analfabetos são temas usuais dos discursos do período. É a educação voltada para o trabalho, seu caráter profissionalizante que dará, portanto, o principal viés pelo qual se afirmará que o governo militar tem uma visão tecnicista do ensino. Tanto assim que, segundo Couto (1999, p.88-9), no primeiro ano do governo Costa e Silva,

> Prosperaram as manifestações populares organizadas principalmente por estudantes, que pedem melhores condições de ensino e protestam contra o acordo firmado no governo anterior. Trata-se de entendimento celebrado entre o Ministério da Educação e Cultura – MEC e a Usaid ... [O acordo] envolvia recursos financeiros, material de ensino etc., e também a mudança da concepção vigente de ensino universitário. A *idéia-chave é a de universidade-empresa*, a abordagem de que o objetivo do ensino superior é formar técnicos para o desenvolvimento. (grifos nossos)

A prioridade do governo do general Costa e Silva é o desenvolvimento, e todo o seu programa é perpassado por essa idéia. Especifi-

---
8 Segundo esclarece em discurso de 9.12.1966, a Educação Moral e Cívica, restrita ao ensino primário, deveria ser alargada para os demais graus de ensino, como de fato o foi pela Lei n.770, de outubro de 1968. Essa lei criou as disciplinas de Educação Moral e Cívica (para as seis primeiras séries de ensino); Organização Social e Política do Brasil (sétima e oitava séries e ensino médio) e Estudos dos Problemas Brasileiros (ensino superior), cujo *conteúdo curricular seria definido pelo governo federal, independentemente do processo de descentralização do ensino.*

camente no ensino superior, com a reforma universitária, diversas carreiras são criadas, principalmente na área das engenharias, sempre tendo por objetivo formar os jovens para o desenvolvimento, como esclarece o seguinte trecho de um discurso seu:

> Já a partir de 1969, como solução possível para o problema dos excedentes, o aumento do número de vagas será concentrado em carreiras prioritárias para o desenvolvimento econômico e social, sobretudo em quatro áreas: Magistério de nível médio; Medicina e outras carreiras ligadas às necessidades da saúde pública, tais como Bioquímica, Odontologia e Enfermagem; Engenharia, principalmente de Operação e carreiras curtas, de nível superior. (Costa e Silva, 1983, 2-II, p.457)

Como corolário da política de treinamento para o mercado, passou a funcionar nesse governo o Projeto Rondon, que, apresentado como uma forma de auxílio às populações carentes e de integração nacional, funcionava, para os estudantes, como um estágio para a formação recebida. Nos demais graus de ensino, lançaram-se as bases do Mobral e da reforma do ensino de 1° e 2° graus, e criou-se a Fundação Nacional do Material Escolar (Fename), concretizados no governo seguinte.

Se a idéia-chave do ensino sob Castelo Branco é a ordem, e sob Costa e Silva, o desenvolvimento, poder-se-ia afirmar que a união de ambas terá seu ponto alto no governo do general Médici – o objetivo do governo é o "desenvolvimento acelerado e sustentado", o que significa, no campo psicossocial, prioridade para a educação de mão-de-obra:

> Dentro em breve estaremos realizando uma grande campanha de alfabetização e iniciando as obras de construção, em diferentes partes do território nacional, de mais de duas dezenas de ginásios voltados para o trabalho.
> Simultaneamente, estaremos ampliando e aperfeiçoando o sistema universitário, instaurando centro de pesquisa (sic!) e estimulando o advento de uma mentalidade tecnológica e científica indispensável à formação de um "know-how" brasileiro. (Médici, 1971, p.77)

No governo Geisel, há, aparentemente, uma mudança de eixo. A prioridade não é criar novos programas ou inaugurar universidades,[9] mas recolocar a questão da gestão do ensino; isto é, ao governo federal cabiam as grandes linhas do ensino, e seus investimentos deveriam ser para a educação superior, ficando os municípios com o 1º grau e os Estados com o 2º grau.

Há, talvez até em conseqüência da crise econômica que se avizinhava, uma desaceleração de programas antes prioritários, como o Mobral, e um chamamento para que a iniciativa privada assumisse seu papel (D'Araujo & Castro, 1997). Nesse aspecto, faz sentido a passagem do MEC para o Ministério do Trabalho, da responsabilidade sobre o "sistema s" (Senai, Senac, Sesi) com a criação do Sistema Nacional de Formação Mão-de-Obra (SNFMOR) (Germano, 1994, p.187).

A idéia-força de Figueiredo, como apresentada em seu discurso de posse, é *reafirmo*,[10] e quer enfatizar a continuidade em relação ao seu antecessor. Nesse sentido, no campo da educação, a única novidade apresentada em sua gestão foi o fim do ensino profissionalizante de 2º grau, revogado pela Lei n.7044/82. A continuidade entre as duas gestões implicou a ênfase na relação ensino-trabalho, procurando mostrar que, apesar de revogada a profissionalização compulsória no 2º grau, a educação deveria seguir as orientações do mercado. Deveria continuar a prevalecer a escola-funcional, particularmente no ensino universitário.

Os economistas denominaram os anos 80 de "década perdida", querendo com isso afirmar que houve um estancamento econômico do Brasil em diferentes setores, como emprego, renda, crescimento etc. No mundo, vivia-se uma nova fase de reestruturação da força de trabalho em resposta à nova revolução tecnológica, exigindo adaptações na formação dos trabalhadores, e que, necessariamente, teria reflexos na educação.

---

9 Costa e Silva (1983, p.363) se vangloriava de ter criado, em apenas um ano, trinta novas faculdades. Ver Discurso de 5.4.1968.
10 Apenas no discurso de posse (15.3.1979), a palavra *reafirmo* é utilizada treze vezes (Figueiredo, 1981, v.1, p.1-8).

Esse movimento coincidiu com o final do governo militar, que não quis ou não soube assumir as mudanças imprescindíveis na política educacional. Assim, em sua gestão, Figueiredo, como já havia esboçado Geisel, assumiu o fracasso, mesmo que parcialmente, da política adotada a partir de 1964.

O mais significativo dessa fase aconteceu em razão das eleições diretas para os governos estaduais em 1982. A partir da vitória de expressivo número de candidatos da oposição, formou-se um movimento em favor da descentralização das políticas públicas. Na educação, gestou-se a proposta de municipalização do ensino por meio do estreito contato dos especialistas em educação no Conselho Nacional de Secretários de Educação (Consed), e da União Nacional de Dirigentes Municipais de Ensino (Undime) (Neves, 1994, p.39-41).[11] Paralelamente, trabalhadores, empresariado e Igreja organizaram suas propostas de mudanças nas políticas de educação. Todavia, todo esse debate só teve algum impacto no processo constituinte porque, no governo de José Sarney, as esperanças lançadas com a inauguração do primeiro governo civil após vinte anos de militares-presidentes não se efetivaram no setor de educação (Neves, 1994).

As mudanças não só na política educacional, mas também de visão de ensino, que nem sempre representaram avanço, como em outro momento avaliamos, foram introduzidas pela Constituição de 1988. Contudo, a efetiva aplicação da lei só veio dez anos depois, com a promulgação da LDB.

No início desta análise foi dito que é com base nos discursos do governo que se avalia a militarização do ensino. Para os analistas que comungam dessa visão, houve uma gradual ruptura no ensino prati-

---

11 Interessante observar que a ministra da Educação do último período do governo Figueiredo (1982-1985), Esther de Figueiredo Ferraz, é bastante crítica em relação à municipalização do ensino. Em depoimento dado a nós, ela afirmou que o grande erro da legislação de ensino adotada recentemente (1997) está exatamente em passar a responsabilidade da educação para os municípios, pois estes, raras vezes, têm condições de assumir esse papel.

cado até 1964, prevalecendo, principalmente a partir de princípios da década de 1970, uma visão tecnicista e privatizante do ensino, que novamente entra em declínio em meados dos anos 80, voltando a se notar tendências a um "humanismo reformado" quando do retorno dos civis ao poder. Como sintetiza Saviani,

A *inspiração liberalista* que caracterizava a Lei 4.024 cede lugar a uma *tendência tecnicista* nas Leis 5.540 e 5.692. Enquanto o liberalismo põe a ênfase na qualidade, ao invés da quantidade; nos fins (ideais) em detrimento dos métodos (técnicas); na autonomia *versus* adaptação; nas aspirações individuais ao invés das necessidades sociais; e na cultura geral em detrimento da formação profissional, com o tecnicismo ocorre o inverso ... Note-se que isto está em consonância com as características do grupo que ascendeu ao poder a partir de 1964, dado que este é composto de militares e tecnocratas (apud Manzine-Covre, 1993, p.211)

Tomado pelo que prevaleceu no governo Goulart, é possível perceber uma mudança nas políticas educacionais, principalmente no planejamento escolar e nas fontes de financiamento. Porém, comparando-se as medidas vigentes durante o regime militar e os governos civis posteriores, de Sarney e Collor, verifica-se que a mesma visão de ensino tem vigência. Nesse sentido, se os militares se afastaram do poder, não deixaram de influenciá-lo, ou então os civis que ascenderam ao governo após 21 anos de regime autoritário são compostos pelo mesmo grupo de tecnocratas, apenas sem farda.

### Dois exemplos de *militarização* do ensino

O processo de *militarização* do sistema de ensino do país torna-se claro em dois projetos específicos, o Mobral e a introdução da disciplina Educação Moral e Cívica nas escolas. Outro exemplo, mas que não será tratado aqui, foi a ênfase emprestada à disciplina de Educação Física. Com efeito, segundo Cunha & Góes (1988, p.80):

A técnica de controle que os militares estabeleceram fez com que fossem abrindo caminho nas organizações voltadas para a educação física e os desportos, na burocracia do Ministério da Educação – a que a área está afeita – e fora dela. Em todos esses órgãos havia a presença maciça de militares em cargos de direção.

No que se refere à educação de adultos, a primeira experiência do governo dos generais foi deletéria. Desde a primeira hora, a ação visou desmontar a estrutura do que fora feito por João Goulart. É assim que Castelo Branco extingue o Plano Nacional de Alfabetização (PNA – Sistema Paulo Freire) pelo Decreto n. 53.886, de abril de 1964. Mesma sorte tiveram, mas sem a força da lei, o Movimento de Educação de Base (MEB), ligado à Igreja Católica, e a campanha "De pé no chão também se aprende a ler", ambos tiveram seus textos e livros apreendidos, cortes de verbas e seus monitores perseguidos e cassados.

Assim, o Mobral não nasceu no vazio, mas foi fruto de uma série de experiências que objetivavam "livrar o país da 'sujeira' do analfabetismo" (ibidem), inspirando-se em experiências bem-sucedidas de outros países, como a União Soviética.[12] Criado pelo Decreto n. 62.455/68, tinha por finalidade executar o Plano de Alfabetização Funcional e Educação Continuada de Adolescentes e Adultos, para o que contou com recursos da Loteria Esportiva e vários incentivos fiscais que lhe garantiram receitas consideráveis (Melchior, 1987). Porém, distintamente do que se planejou, nem de longe o Mobral alcançou seus objetivos. Conforme dados do Censo de 1980, as taxas de analfabetismo da população maior de quinze anos, público-alvo do Mobral, estavam em 24,5%, contra os 33,6% registrados em 1970; ademais, o número absoluto de analfabetos havia crescido em 540 mil pessoas.

---

12 Apesar de não traduzir explicitamente essa inspiração, Jarbas Passarinho, então ministro da Educação, admite-a, imputando o fracasso nacional à não-continuidade do projeto, o que não aconteceu com outros semelhantes (cf. entrevista citada).

Embora fracassado, o Mobral é um exemplo de política pública essencialmente militar. Não sem razão, Montarroyos (1982) a apresenta como um bom exemplo de abordagem elitista de educação, inspirada na ESG e Adesg.

O Mobral reelabora as noções apresentadas em diferentes fóruns sobre educação de adultos, principalmente aqueles utilizados pelo PNA e aprovados pela Unesco, mas distanciando-se deste no seu conteúdo, baseado fortemente na alfabetização como funcionalidade econômica, apontando qual a inserção que o adulto alfabetizado deveria ter na organização social, excluindo-o, por princípio, da elite culta que o havia pensado.[13] Nesse sentido,

> O que largamente escapou à atenção pública até agora, é o fato de que a política oficial não se restringe à tentativa de influenciar apenas negativamente, isto é, através de medidas de despolitização da educação o clima político deste país, mas também positivamente, através de atividades, cujo objetivo é o alinhamento doutrinário de grupos de adultos considerados importantes. (Cunha & Góes, 1988, p.65)

Não só no conteúdo, mas também na implantação concreta do programa, houve participação militar. Como uma prioridade do governo, quartéis e soldados foram mobilizados para auxiliar no processo de alfabetização, constituindo eles mesmos salas de aula para a

---

13 Interessante observar o que pensa Passarinho a respeito do Sistema Paulo Freire: "O outro é o que hoje todos estão batendo palma que é o do Paulo Freire. Eu me lembro de ter visto uma cartilha dele, tinha L... A letra L era traduzida por um latifundiário, gordo, com um charuto na boca, cartola; puxando um lavrador com um chicote. Pô, preparava o cara pra fazer a formação, a capacitação política associada à alfabetização. Essa nós não fazíamos, nem a nosso favor, nem contra..." (cf. entrevista citada). Porém, um trecho de um texto produzido pelo Mobral mostra que não era bem assim, e o quanto se procurava a alfabetização como "funcionalidade econômica": "Benedito já sabe ler e escrever/ Arranjou um emprego melhor/ Vai trabalhar em uma fábrica". Ou na marcha que introduzia o *Minerva no ar*, produzida pelo MEC: "Eu quero saber mais./Preciso saber mais./Minerva no Ar./ Sabendo a gente sente/ que anda pra frente/ e começa a melhorar./ Depois que a gente estuda,/ a coisa toda muda/ e o Minerva está aí pra ajudar./ Eu quero saber mais./ Eu quero ser alguém./ Eu cresço com o Minerva/ e o Brasil cresce também." (in Cunha, 1983, p.281-2).

educação de adultos nos rincões em que existiam "Tiros de Guerra". Assim, além de definir o conteúdo do que seria a educação de adultos, também tinham o controle, em muitos casos, de como esse conteúdo era ministrado.

No esteio do Mobral, outros programas foram colocados em prática, tais como o Projeto Minerva (educação a distância), o Madureza (ensino supletivo de 1º e 2º graus), a Televisão Educativa. Todos essas políticas tinham por objetivo preparar o recém-alfabetizado para uma função específica na sociedade: a de consumidor integrado (não crítico) do sistema político-econômico que o alfabetizou (Jannuzzi, 1987).

Outro exemplo de política pública formulada e posta em prática pelos militares está na introdução das disciplinas Educação Moral e Cívica e Organização Social e Política Brasileira nas escolas. Essa política, como já observado, vinha sendo discutida desde a Lei de Diretrizes e Bases. Todavia, contrariamente às intenções iniciais, foi no interior do MEC, já no governo Costa e Silva, que o projeto foi elaborado e posto em prática.

Ao contrário das demais disciplinas escolares, o conteúdo programático desta seria elaborado pelo Conselho Federal de Educação – CFE, auxiliado pela Comissão Nacional de Moral e Civismo, composta por seis pessoas nomeadas pelo presidente da República, cujo objetivo era "criar uma ideologia de oposição ao comunismo para ser ensinada como disciplina curricular nas escolas do País" (Lima, 1980, p.93). Para isso, militares e civis afinados com o regime revezavam-se na presidência da comissão. Conforme esclarecem Cunha & Góes (1988, p.75),

> A Comissão Nacional de Moral e Civismo reunia, entre seus membros, zelosos generais, que se articulavam com a Censura Federal, e civis militantes de direita. A primeira composição da comissão foi a seguinte: general Moacyr de Araújo Lopes, presidente; almirante Ary dos Santos Rangel; padre Francisco Leme Lopes; e os professores Elyvaldo Chagas de Oliveira, Álvaro Moutinho Neiva, Hélio de Alcântara Avelar, Guido Ivan de Carvalho e Humberto Grande. Este último, veterano da ditadura varguista.

Durante todo o período de sua existência, essa comissão foi dominada por militares e civis de direita. Um exemplo foi a gestão Ney Braga (um híbrido), quando a comissão foi presidida pelo integralista histórico Euro Brandão. Também no CFE, era a direita que dominava, cabendo ao arcebispo Luciano Duarte – que coordenou a incorporação do Movimento de Educação de Base (MEB) pelo Mobral, enterrando, assim, um dos mais importantes sistemas de educação de base organizado no país – o parecer sobre as diretrizes curriculares da disciplina.

Pela leitura dos livros produzidos para essa disciplina, é possível notar que também aqui havia o "dedo da ESG". Não que tenha cabido a ela qualquer elaboração curricular para as disciplinas de Moral e Civismo. Porém, os conceitos ali emitidos são uma síntese da doutrina de Segurança Nacional com pitadas de conservadorismo católico. Corrobora essa avaliação o fato de a ESG ter conseguido, junto ao CFE, parecer favorável para ministrar um curso de mestrado em Estudos de Problemas Brasileiros (como informado, a nomenclatura que Moral e Cívica recebia nas escolas superiores), curso este que acabou por ser transferido para a Universidade Mackenzie de São Paulo (Miyamoto, 1988, p.23 ss.).

Em resumo, do ponto de vista do conjunto das políticas implementadas, não houve diferença significativa entre governos militar e civil. Predominou, em todos os casos, uma visão *quantitativa* do avanço, isto é, a educação é entendida como cumprindo sua missão na medida em que haja crescimento nas taxas de escolaridade, e apenas no 1º grau;[14] prevaleceu a inércia no caso do 2º grau, com a conti-

---

14 O crescimento da escolaridade entre 1940 e 1980, conforme mostra Cláudio de Moura e Castro (1986), não foi uniforme. As taxas foram: entre 1940-1950, 5,4%; de 1950-1960, 12,2%; de 1960-1970, 6,0%, e de 1970-1980, 7,9%. Assim, a despeito de nunca ter atingido o crescimento verificado nos anos 50, houve implementação da escolaridade no 1º grau, constituindo uma vitória dos governos de então. Embora não possa ser comparado com índices oficiais de escolarização, estes, na população entre sete e quatorze anos chegaram a 91,2%, contra os 74,5% apurados por Moura e Castro, mas nesse caso o universo são os maiores de dez anos.

nuidade de atendimento maior pelo setor privado, e sua não-democratização;[15] enfatizou-se a relação entre ensino-mercado, produzindo-se a universidade-funcional no ensino superior.[16] Assim, no que se refere ao ensino formal e seriado, não se pode visualizar com segurança a *militarização* do ensino. Esta, como se procurou mostrar, restringiu-se a projetos específicos e datados no tempo.

## A presença militar na administração da Educação

Nesta parte do texto, a intenção é avaliar como aconteceu a ocupação de cargos nos órgãos de decisão da área de Educação. Trata-se de perceber se houve uma ampliação da presença de membros das Forças Armadas, particularmente no Ministério da Educação (MEC) e no Conselho Federal de Educação (CFE) a partir de 1964, e qual o sentido dessa ocupação.

Considerando a totalidade dos governos militares, nota-se que a influência militar, tomada a partir da presença castrense nos órgãos de decisão, foi antes indireta; isto é, não houve uma "invasão" do ministério pelos militares. Apesar disso, percebe-se a presença contínua de algum militar nos órgãos de decisão, incluindo alguns ministros oriundos da área militar. No CFE, ao revés, os militares jamais tiveram assento, o que não impediu que influenciassem nas decisões.

No governo João Goulart, vale para o MEC o que já foi discutido para o conjunto do governo; isto é, os poucos militares que ocupavam cargos faziam-no porque eram afinados com o governo, e não porque usavam farda. Todas as seis pessoas que são chamadas a as-

---

15 Em estudo que realizamos em 1989, mostramos que o índice de escolarização no 2º grau no Brasil era o menor em relação aos países classificados no mesmo grupo que o Brasil pelo Banco Mundial, ficando em 35% (Seade, 1989, espec. o capítulo "São Paulo no contexto internacional", p.117-8).

16 O conceito é de Marilena Chauí (1999) e significa que, diferentemente da universidade clássica, voltada para a produção do saber, a universidade funcional adapta-se às exigências do mercado de trabalho, e, portanto, sua finalidade é a produção rápida de profissionais qualificados para esse mercado.

sumir o MEC entre 1961 e 1964, por exemplo, são civis e contavam com reconhecimento de seus serviços em educação.

Uma característica que merece ser registrada é o grande número de ministros que passaram pelo MEC. Na gestão Goulart, foram seis. Todavia, isso não cessou no período militar. Já foi destacado que os generais-presidentes, até para passar a imagem de estabilidade, procuravam manter baixa a rotatividade nos cargos de primeiro escalão (Nunes, 1978). Entretanto, no MEC isso parece não ter sido possível, pelo menos no primeiro momento pós-64. Tanto é que Castelo Branco quase repetiu a cifra de Jango, pois teve cinco ministros da Educação. Já Costa e Silva teve somente um ministro da Educação, o mesmo acontecendo com Médici. Ernesto Geisel teve dois, e Figueiredo, três. Esses números sobem com Sarney, repetindo o número de Castelo Branco, e Fernando Collor teve dois ministros da Educação, sem ter cumprido o seu próprio mandato.

Para perceber a evolução da presença militar nos órgãos de decisão, o mais fácil é analisar a composição do CFE, pois esse órgão, criado em 1961 (Lei n.4.024), foi instalado nesse ano e atravessou todos os governos de interesse para a análise, até ser extinto pela Constituição de 1988. Apesar de não ser um órgão executivo, e sim normativo, e ser responsável apenas pela discussão da política de educação superior, abrigava "pessoas de notável saber e experiência em educação" escolhidas diretamente pelo presidente da República para um mandato de seis anos (cf. Horta, 1982). Em contrapartida, como se perceberá, nem sempre o registro das ações e mesmo dos membros do CFE condiz com a realidade, o que dificulta a avaliação de como eram tomadas as decisões no período. Apesar disso, essa será uma das fontes utilizadas.

Assim, a composição do CFE durante a gestão do ministro Júlio Sambaquy (21.10.1963 a 6.4.1964) dividia-se entre acadêmicos e políticos. Entre os primeiros, estavam: Celso Kelly (secretário-geral do CFE), Abgar Renault, Ajadil de Lemos, Alceu Amoroso Lima, Anysio Spíndola Teixeira, Celso Cunha, Deolindo Couto, Durmeval Trigueiros, Joaquim Faria Góes Filho, José Borges Santos, Josué Montello, Newton Sucupira, e Valnir Chagas.

Pela simples leitura dos nomes, percebe-se que grandes educadores sentavam-se no CFE. Entre os outros onze membros, havia três representantes da Igreja Católica (D. Cândido Padim, D. Hélder Câmara, e Pe. José Vieira de Vasconcellos) e oito políticos, incluindo o presidente do CFE, Antônio de Almeida Júnior, mas nenhum militar.

Interessante observar que Sambaquy fez carreira no MEC, e foi durante sua gestão que se elaborou um Plano Diretor para Educação Física e Recreação, uma disciplina que, no que se refere ao seu planejamento, era considerada responsabilidade de militares.

Como o mandato dos membros do CFE estava pela metade quando do golpe militar, era de esperar que sua composição continuasse a mesma, havendo uma ou outra alteração apenas por questões internas ao órgão. De fato, tomando apenas pelo elenco que assina as reuniões, isso parece ser verdadeiro. Porém, como está nas *Documenta*,[17] havia pedidos de afastamento para uma única reunião e sem justificativa, bem como a substituição de membros sem o registro de nenhuma homenagem, como era a prática do órgão, ou então o registro do nome quando este nem mesmo estava no país.

O caso do professor Anysio Teixeira é exemplo significativo. Como é sabido, esse jurista foi um grande educador, muito respeitado no meio acadêmico e um dos idealizadores do CFE. Em 1964, além de membro desse Conselho, era reitor da UnB, demitido desse cargo na invasão da universidade por tropas do Exército em 9 de abril de 1964.[18] Nesse ano, cogitou-se cassá-lo já no primeiro Ato Institucional. Dado os protestos da comunidade acadêmica, essa ação não se consumou, mas Teixeira, tendo recebido convite de uma universidade norte-americana, dirigiu o pedido a Castelo Branco,

---

17 Publicação mensal do CFE que registra o cotidiano do órgão, incluindo suas atas e pareceres.
18 O interventor nomeado para a UnB foi o então diretor da Faculdade de Medicina da USP de Ribeirão Preto, Zeferino Vaz, que, a partir de 1966, assumiria a reitoria e a construção da Unicamp, o que explica, em parte, o sucesso desta última.

que prontamente atendeu. Ele foi, assim, para o exterior, voltando apenas em 1966, tornando-se consultor da Fundação Getúlio Vargas até seu falecimento, em 1971. Nada disso foi registrado nas *Documenta*, e o nome Anysio Teixeira continuou a figurar entre os membros do CFE até 1967.

Das quatro substituições (nominais) havidas no CFE sob Flávio Suplicy de Lacerda, nenhuma significou a troca de um civil por um militar. Assim, o CFE continuou dominado por acadêmicos e políticos. O que se nota é que esses nomes têm estreita relação com o regime que se procura implantar no Brasil. Assim, se eram políticos, militaram na UDN, e depois do AI-2, na Arena; se eram acadêmicos, faziam parte de organizações como o Iseb, ou haviam atuado na conspiração que depôs João Goulart.

Como já informado, porém, não é agindo diretamente sobre os órgãos de decisão formal que as Forças Armadas se fazem presentes nas políticas de educação. De fato, a análise dos membros do CFE leva a crer que o papel dos militares nessa área foi pequeno, pois nenhum militar teve assento no órgão, e poucos foram chamados para suas reuniões. Em contrapartida, três militares assumiram o MEC como ministros no período, e deles dependeu boa parte das nomeações para comissões e grupos de estudo.

Como anteriormente exposto, o ensino no Brasil a partir de 1964 começa a ser reformado de alto a baixo, processo que somente terá um ponto final dez anos depois. Para a promoção dessas mudanças, o governo militar faz uso principalmente de grupos e comissões técnicas, retirando, por essa via, a responsabilidade do CFE e de seus congêneres estatais. Isso não quer dizer, entretanto, que muitos desses grupos não tenham funcionado no interior do MEC, e nem que excluíssem os funcionários da burocracia. Porém, a nomeação dos seus membros não seguia as regras da própria burocracia, e sim as necessidades políticas do grupo que estava no poder.

Sob Castelo Branco, iniciaram-se os estudos para a reforma do ensino universitário. Para isso, além da participação direta da Usaid, foi nomeado um grupo de trabalho (GT) composto por Tarso Dutra (Ministro da Educação e presidente do GT), Antonio Moreira Cou-

A MILITARIZAÇÃO DA BUROCRACIA 183

ceiro (presidente do CNPq), padre Fernando Bastos D'Ávila, Prof. José Lyra Filho, João Paulo dos Reis Velloso (representante do Ministério do Planejamento), Fernando Ribeiro do Val (representante do Ministério da Fazenda), Prof. Roque Spencer Maciel de Barros, Prof. Newton Sucupira (CFE), Valnir Chagas (CFE) e o deputado Aroldo Leon Peres. Como se observa, nenhum dos membros era oriundo dos meios castrenses, e, portanto, no estudo com vistas a reformas legais não se nota a influência militar direta.

Assim, durante o primeiro governo militar, as informações disponíveis apontam para a inexistência de militares na área de Educação. Apesar disso, sabe-se que houve nomeações de militares para as reitorias de algumas universidades federais, como na Universidade Federal da Paraíba, onde o professor Moacyr Porto foi substituído pelo comandante da Guarnição Federal de João Pessoa, coronel Athur Candal da Fonseca (abril de 1964), ou na Universidade Federal de Minas Gerais, para a qual foi nomeado o coronel Expedito Orsi Pimenta, em substituição ao professor Aluísio Pimenta (julho de 1964). Conseqüentemente, parece que havia uma preferência pela indicação de membros das Forças Armadas para postos executivos. Talvez, inclusive, para exercer um controle maior sobre os estudantes, já que eles tinham tradição de intervenção política.

Já sob Costa e Silva, a situação muda bastante. Se comparada à gestão anterior, nesta há uma verdadeira *militarização* das instituições de ensino. Assim, o governo continua a promover intervenções nas universidades federais, nas quais normalmente eram nomeados militares como reitores *pro tempore*.[19] Foi o que ocorreu, por exemplo, na UnB, onde o vice-reitor, capitão-de-mar-e-guerra José Carlos Azevedo, alçou-se à reitoria em razão da saída de Zeferino Vaz, ali permanecendo por quinze anos (Germano, 1994, p.107).

---

19 A nomeação cabia ao CFE. A escolha de militares para tais cargos mostra a pouca capacidade desse Conselho em decidir sobre os rumos da educação superior, como lhe cabia legalmente.

Também a comissão nomeada em 1967 para "analisar a crise estudantil e sugerir mudanças no sistema de ensino" é dominada por militares. Seu presidente é o general Meira Mattos, e dela ainda fazia parte o coronel-aviador Waldir de Vasconcelos (secretário-geral do Conselho de Segurança Nacional). Os outros três membros eram civis identificados com o regime: os professores Jorge Boaventura (que ainda hoje leciona na ESG) e Hélio Gomes, e o jurista Affonso Carlos da Veiga.

Na burocracia do MEC nesse período, havia três militares, um deles ocupando a DISI. Nesse caso, relativamente aos demais ministérios, o número estava abaixo da média encontrada para o conjunto do governo: 8% contra 12%. Ressalte-se que a Comissão Nacional de Desportos era presidida pelo general Eloy Menezes (*Visão*, 29.3.1968, p.27 ss.), apontando para o fato de que os assuntos relativos à educação física sempre estiveram a cargo de militares, da mesma forma que, como já indicado, questões relativas à moral e civismo foram divididas entre representantes da Igreja e das Forças Armadas.

No governo Médici, o ministro é um militar, o coronel Jarbas Passarinho. Embora possa ser considerado um híbrido – como eram chamados aqueles que, originários da caserna, tinham carreiras civis –, pois também fez carreira política, esse coronel deixa claro que o fato de ser militar sempre determinou suas decisões na vida pública.[20] É assim que o setor castrense enquista o MEC. O secretário-geral é um coronel, como também o é o diretor da DISI. Reforçando o já informado, a Comissão Nacional de Moral e Civismo é presidida por um almirante, assim como o Conselho Nacional de Desportos. Porém, os setores ligados mais diretamente ao ensino são preservados: as diretorias de ensino permanecem em mãos civis. O

---

20 Um exemplo é quanto às nomeações: "Não havia indicação que partia de membros das FFAA no MEC, não. O que acontece é que, se amanhã ... por sorte deste país for reitor em tal lugar, vai automaticamente se lembrar de quem? De pessoas que com ele cresceram na vida acadêmica. Eu vinha do Exército. Eu tinha feito Escola do Estado Maior, que é a escola máxima do Exército em si. Então eu pensava em colegas meus cuja qualificação intelectual justificasse minhas indicações..." (entrevista com Jarbas Passarinho, 11.12.1998).

mesmo acontece com as nomeações para o Conselho Federal de Educação.[21] Também sob Geisel, o ministro da Educação indicado é um híbrido, um militar com atuação política. Trata-se de Ney Braga, que antes havia sido governador do Paraná e, como tal, procurara influenciar as decisões do governo federal.[22] Esse ministro ficou à frente do MEC até maio de 1978, quando foi substituído pelo professor Euro Brandão.

Excetuando-se o gabinete, não há grandes mudanças nos cargos burocráticos nas duas gestões, sendo os funcionários mantidos em suas posições originais. Também no CFE, as poucas nomeações havidas durante a gestão Geisel (1974-1979) não contemplam militares. Aliás, antigos membros do CFE são chamados a assumir diversos cargos no MEC, como a presidência do Conselho Federal de Cultura, ocupada pelo ex-ministro da Educação Raymundo Muniz de Aragão, que fora conselheiro entre 1967 e 1970.

Os cargos diretamente vinculados ao ensino, como os Departamentos de Ensino Fundamental, de Ensino Médio, de Assuntos Universitários etc. são ocupados por civis, normalmente professores que fizeram carreira nos seus Estados natais; já para Conselho Federal de Desportos, é nomeado um brigadeiro, enquanto no Departamento de Educação Física e Desportos assume um coronel, que acumula a presidência da Campanha Nacional de Educação Física sob Ney Braga. Também é um coronel que assume a DISI e o Serviço de Radiodifusão Educativa, o mesmo acontecendo com a Comissão Nacional de Moral e Civismo. Neste caso, porém, o pre-

---

21 Embora não seja tema deste estudo, é interessante observar que, ainda que a profissão de professor seja considerada desde há muito eminentemente feminina, sendo uma colocação para as moças muito antes dos movimentos feministas, é somente sob Costa e Silva que as mulheres passam a fazer parte do CFE, com a nomeação de Esther de Figueiredo Ferraz como conselheira suplente (abril de 1969), alçando-se em seguida a membro titular (agosto de 1970).
22 Jarbas Passarinho cita especificamente Ney Braga quando informa do jogo de influências que presidia as nomeações de reitores das universidades federais (cf. entrevista citada).

sidente é substituído por um civil (o professor Humberto Grande, esguiano de 1961) quando Euro Brandão assume o MEC.

Com Figueiredo, conhece-se a última presidência sob comando militar, e três pessoas passam pelo cargo de ministro da Educação, o professor Eduardo Portella (1979-1980), o general Rubem Ludwig (1980-1982) e a professora Esther de Figueiredo Ferraz (1982-1985), a primeira e única mulher a receber tal honraria e que, segundo suas palavras, conseguiu deixar "o segundo orçamento do governo, perdendo somente para Transportes", sem ter nenhuma interferência de outros ministros ou do presidente da República em sua gestão (entrevista, 21.5.1999).

Em relação às verbas do Ministério da Educação, é interessante observar que há uma relação entre orçamento e prioridades governamentais. Pelo menos parece ser essa a explicação para compreender o porquê de as despesas fixadas para o MEC somente superarem as destinadas ao Ministério do Exército a partir de 1976, considerando-se apenas o período militar (1964-1985), embora seja nesse ano que se apresente uma queda acentuada nessas verbas. Reforça essa hipótese o fato de, em 1964, as verbas do MEC (9,89%) serem superiores às do Ministério da Guerra (6,86%), bem como o montante nunca inferior aos 14% destinados ao MEC a partir de 1985. Nesse último caso, deve-se levar em conta a Emenda Constitucional n.24, de 1983, que estabelece que a União não pode destinar menos de 13% de seu orçamento para a Educação. A consulta ao orçamento da União reforça a visão de Ferraz, pois, de fato, no último período militar as verbas destinadas ao MEC são maiores do que as do início dessa quadra histórica.

Repete-se sob Figueiredo o que já havia sido observado com seus antecessores, isto é, as mudanças de ministros não são acompanhadas por outras na estrutura do ministério, de forma que, no geral e excetuando-se o gabinete, permanecem no cargo os mesmos nomes durante todo o período.

No que se refere à nomeação de militares, a Comissão Nacional de Moral e Civismo passa novamente a ter um presidente oriundo das Forças Armadas, assim como a DISI. Nos demais cargos, são nomeados civis, inclusive para a Secretaria de Educação Física e Desportos e para o Serviço de Radiodifusão Educativa que, como destacado, eram redutos militares. Assim, pode-se dizer que com Figueiredo inicia-se um processo de afastamento dos militares da burocracia do Ministério da Educação, inclusive dos cargos que tradicionalmente eram ocupados por membros das Forças Armadas.

Para os governos dos civis José Sarney e Fernando Collor, as informações recolhidas sobre os cargos de segundo e terceiro escalões são muito escassas. Embora se tenha tentado conseguir o máximo de dados possíveis, não se foi feliz, por exemplo, sobre o desenho do MEC depois da reforma *collorida*.

Com base nas nomeações publicadas nos *Diários Oficiais da União*, pode-se dizer que não há militares no MEC, nem mesmo naqueles cargos que antes eram historicamente ocupados por indicação das Forças Armadas. No CFE (extinto formalmente em 1991), repete-se o que foi dito anteriormente, ou seja, as nomeações que aconteceram no período foram de profissionais que tiveram alguma projeção na área de Educação.

Os parcos dados disponíveis informam que os cargos diretamente vinculados ao ensino, como os departamentos e diretorias dedicados à elaboração e difusão das diretrizes de educação nos diferentes níveis e funções, não são ocupados por membros das Forças Armadas. Além disso, tanto na gestão Sarney quanto na de Collor, não foram feitas nomeações de militares para o primeiro escalão. Em outras palavras, com exceção da DISI, que continua a existir nos primeiros anos do período Sarney, em nenhuma outra instância interna ao MEC encontram-se militares.

Ressalte-se que no período de 1986, e que se estende até 1998 (doze anos!), estava em discussão, primeiro no Congresso em razão da Constituinte, e depois no interior do MEC e na Comissão de Educação do Congresso Nacional, uma nova legislação para a Educação. Ao que tudo indica, não houve interesse e nem interferência militar nesse processo. Apesar disso, o ensino militar continuou a ser autônomo, tanto em termos didático-pedagógicos quanto em termos estruturais. Ou seja, não cabe ao MEC definir, e nem mesmo sugerir, como deve ser a educação dos nossos futuros generais.

Ao contrário, porém, dos seus primeiros anos, o CFE foi perdendo prestígio ao longo do período de sua existência, até porque foi esvaziado de muitas de suas funções. Assim, os seus membros nas gestões em apreço, distintamente dos seus fundadores, já não têm o mesmo destaque na Educação. Ou, ao contrário, como prefere a ex-ministra Esther de Figueiredo Ferraz, o mundo mudou, e já "não estamos mais no período dos grandes educadores, dos Aloysio Teixeira, Abgar Renauld...".

Assim, o que a análise mostra é que o número de cargos civis ocupados por militares é muito menor do que faz crer a literatura sobre educação no pós-64. Talvez até porque o MEC tenha sido ocupado por três ministros oriundos das Forças Armadas no período militar, criou-se um mito em torno da participação de membros da caserna em cargos públicos que está, pelo menos em comparação com os dados acessados, longe de corresponder à realidade.

Em resumo, a análise da composição do MEC apontaria para a total desmilitarização do órgão. Porém, como muitas vezes afirmado ao longo deste texto, não está na ocupação direta de cargos, mas na influência subliminar[23] a participação castrense nas decisões de políticas governamentais. Em outras palavras, é a *militarização* pela transferência do *ethos* militar para o processo de decisão que prevaleceu no MEC durante o período enfocado.

O que parece ser particular à burocracia do MEC é sua formação e um certo carreirismo (no bom sentido), pois aqueles que ocupam cargos no órgão passam antes por outros, seja em nível federal, seja nas outras instâncias de governo. Aliás, para ser completo, este estu-

---

23 Não se tem uma forma de "medir" a influência, qualquer que seja ela. Aqui, o que está se afirmando é que não necessariamente a presença física é precisa. No caso específico da "influência castrense", sua participação política, e principalmente sua presença nos sucessivos governos da República, facilitou uma comunhão de valores entre os funcionários civis e militares, com a predominância e transferência dos valores dos segundos para os primeiros. É o que aqui é chamado de *militarização pela transferência de* ethos.

do implicaria a análise das secretarias estaduais e respectivos conselhos, pois é a partir dos órgãos estaduais que, normalmente, se constrói a carreia na burocracia educacional. Resta responder qual o papel que a Escola Superior de Guerra desempenhou no Ministério da Educação. A julgar pelos que freqüentaram seus cursos, esse papel foi praticamente inexistente. Foram muito poucos os nomes, tomando qualquer gestão, que estiveram ligados à ESG. Dos ministros, por exemplo, apenas um fez o curso da ESG, trata-se de Carlos Sant'Anna (matr. 002443/73), tendo assumido a pasta no último período da gestão Sarney. Nem mesmo os militares que dirigiram a DISI passaram pelos bancos da Escola antes de assumirem esse cargo.

Assim, o papel da ESG na estrutura do MEC, e também no CFE, a julgar pelo número de *esguianos* nos cargos de decisão, foi quase nulo. Só não foi nulo porque, além de alguns membros civis assumirem diretorias do MEC ao longo do período, muitos dos que participaram das comissões e grupos de trabalho, se não fizeram parte do corpo de estudantes da ESG, nela deram cursos, ou participaram de convênios por ela promovidos, como é o emblemático caso do professor Jorge Boaventura.

# 5
# FORÇAS ARMADAS, BUROCRACIA E SISTEMA POLÍTICO

Analisou-se, nos capítulos anteriores, como se deu a ocupação de cargos de decisão em duas áreas do Estado brasileiro, a Educação e as Comunicações. Aqui, a intenção é, a partir de uma comparação entre a formação e evolução dos decisores que nelas atuaram, questionar a respeito da possibilidade de generalização desses casos e, também, discorrer sobre a forma que adquire a burocracia pública brasileira.

Considerando o desenvolvimento do setor de Comunicações no mundo inteiro, não é de estranhar o alto grau de envolvimento de militares nele. As técnicas de guerra, como já foi informado, estão intimamente ligadas às técnicas de comunicação, daí o setor, no que se refere à própria distribuição de faixas de onda, ser considerado questão de segurança nacional, o que implica um controle maior por parte do governo em relação à sua administração, e, conseqüentemente, quando a atuação política dos militares é alta, um envolvimento maior das Forças Armadas nessa gestão.

Diferentemente das determinações técnicas que envolvem as Comunicações, a área de Educação, setor social bastante sensível em qualquer latitude, não é uma questão técnica, ou passível de ser tratada como tal. Entretanto, também ela, no seu fazer específico que é a formação de cidadãos, pode ser tomada como questão de segurança nacional. Todavia, aqui não se leva em conta uma tarefa estratégica da guerra, mas a formação de consciências, a construção das bases de sustentação pacífica de governos.

A compreensão, portanto, das diferenças das áreas tomadas como objeto de estudo é importante para a tentativa de entendimento das diferenças e semelhanças que se traduzem nas políticas públicas destas. É de supor que, ao tratar de setores tão particulares, tomando-os como exemplo, possa-se avaliar o conjunto do setor público e, assim, compreender como se processou a real participação dos militares na condução das políticas governamentais no período em que as Forças Armadas tomaram para si a tarefa de governar.

Uma primeira aproximação aponta que, se nas Comunicações o que determinou a participação dos militares foi sua experiência técnica – daí o número de engenheiros que se encontravam nos diversos postos ministeriais –, na Educação a carreira da maioria dos funcionários se faz a partir dos governos estaduais. A participação militar, nesse caso, não está determinada pela carreira, mas, ao que tudo indica, pela necessidade de controle sobre as decisões. É justamente por isso que nas comissões e grupos de trabalho se encontra o maior número de militares no período.

Como definido, há três níveis do que chamamos *militarização* da administração pública. Um primeiro diz respeito à presença efetiva de membros das Forças Armadas em postos de decisão no interior da estrutura administrativa do Estado. Nesse caso, identifica-se o maior ou menor grau de *militarização* pelo número relativo de militares ocupando cargos civis.

Tomando nesse sentido, o grau de *militarização* foi muito menor no Ministério da Educação do que no das Comunicações; considerando-se os cargos indiretos – como as empresas estatais ou universidades federais –, a diferença é ainda maior. Nesse caso, pode-se dizer que não houve uma *militarização* da Educação, mas houve nas Comunicações.

Conforme foi acompanhado anteriormente, toda a montagem da infra-estrutura de telecomunicações no país foi feita sob controle de militares. Todas as empresas, e mesmo a estruturação do ministério, estiveram a cargo de engenheiros oriundos da caserna. Na Educação, ao contrário, houve uma espécie de enquistamento dos membros das Forças Armadas no Ministério da Educação, no qual eles mantinham sob controle cargos que, se estavam no mesmo nível de outros em termos burocráticos, não interferiam no que era central às políticas de ensino nos seus diferentes graus.

Reforça essa diferença o fato de que os cargos afeitos às Comunicações, mesmo quando faziam parte da estrutura de outros ministérios, normalmente eram ocupados por militares. Exemplo pode ser dado pela própria composição do MEC, no qual o Serviço de Radiodifusão Educativa sempre contou, desde sua criação até o final do governo militar, com coronéis como seus diretores.

Outra característica que afasta as Comunicações da Educação está relacionada com a formação e carreira de sua burocracia. No primeiro, além do fato de serem técnicos preparados na sua maioria em escolas militares, a sua carreira normalmente iniciava-se em setores relacionados à área de Comunicações no interior das próprias Forças Armadas, daí podiam ser chamados para o exercício de cargos no ministério, ou absorvidos pela iniciativa privada – principalmente por empresas de microeletrônica. Desse posto, normalmente voltavam para o ministério, muitas vezes passavam por outros órgãos do primeiro escalão e, finalmente, se deixavam o serviço público, tinham colocação novamente na iniciativa privada.[1]

Já os funcionários do MEC, mesmo considerando apenas os cargos de confiança do ministro, normalmente chegam ao terceiro e segundo escalões por ascensão na carreira, seja por mérito seja por antigüidade, e os que são indicados politicamente são escolhidos dentro da administração de ensino. Essa é uma característica que independe de o governo ser civil ou militar. Além disso, normalmente os que ocuparam cargos nas secretarias de Estado eram professores que tinham passado por funções semelhantes em seus municípios

---

1 Vários dos presidentes da Telebras e Embratel, por exemplo, ainda hoje estão na iniciativa privada, em cargos de direção nessas empresas, como é o caso do engenheiro Carlos de Paiva Lopes, que presidiu a Embratel entre 1990 e 1992, e hoje preside a Ericsson do Brasil. Informação prestada pela assessoria de imprensa do Ministério das Comunicações.

de origem. Não por acaso, analisar os nomes desses funcionários é deparar com muitos de nossos próprios professores ou autores de obras conhecidas. A carreira desses, portanto, começa e termina na administração pública do ensino, ainda que em níveis diferentes de governo.[2]

Essas afirmações podem levar a crer que cada área do governo era estanque, que não havia rotatividade, permuta de funcionários, e políticas comuns. Se isso fosse verdade, não haveria propriamente um governo, mas várias instâncias independentes de formulação e implementação de políticas públicas. Isso não é verdade. Pelo contrário, essa relação sempre foi bastante estreita, e ainda hoje se pode apontar para funcionários que fizeram suas carreiras em um ministério e estão prestando serviço em outro – um exemplo é dado por Everardo Maciel, secretário da Receita Federal no governo Fernando Henrique Cardoso, e que foi secretário-geral do MEC no governo Sarney –, e políticas desenvolvidas por mais de um ministério. Mesmo porque, nesse último caso, há uma dependência geral de todas as funções governamentais em relação à área econômica, como apontam os dados orçamentários. Exemplo do estreito relacionamento entre as áreas, em particular entre Comunicações e Educação, é dado pelo ex-ministro das Comunicações Euclydes Quandt de Oliveira:

> No período em que estive no Contel (1965-1967) tive muito contato com o Ministério da Educação, na parte da educação por TV e o possível uso de satélite. O projeto do primeiro satélite brasileiro teve como principal motivação seu uso para teleducação, sendo o uso em telefonia uma atividade secundária, considerada apenas para viabilizar economicamente o satélite ... Quando fui para a Telebras, em 1972, retomei o contato com esse problema, que nesse intervalo (de 1967 a 1972) fora tratado pelo EMFA. (entrevista concedida à autora, 6.1.1999)

Nessa mesma direção, ele aponta para a grande demanda do MEC por técnicos em comunicação, daí uma explicação para o fato

---

2 Exemplos: Pedro Demo foi secretário-geral do MEC no governo Figueiredo; Vamireh Chacon, membro do gabinete de Eduardo Portella; Gamaliel Herval, secretário de Ensino Superior no governo Sarney, mesmo cargo ocupado por Eunice Durhan no governo Fernando Collor etc. (Fontes: Grupo Visão, 19.3.1990).

de o cargo de diretor do Serviço de Radiodifusão desse ministério ser ocupado, na maior parte do período estudado, por militares.

Assim, tomando a *militarização* pela presença militar em postos civis, ela foi maior no Ministério das Comunicações do que no da Educação. Contudo, deve-se levar em conta que se tratava de uma área técnica em que eram as Forças Armadas que preparavam os especialistas, daí também no MEC as demandas por esses profissionais serem buscados no meio castrense. De um modo geral, todavia, apesar do crescimento no volume de cargos no período pesquisado, não se percebeu, nem no MEC nem no Minicom, um aumento no número de cargos civis preenchidos por militares. Portanto, até onde foi possível avaliar pelos dados disponíveis, não se pode afirmar com segurança que tenha havido grandes diferenças na presença militar nos anos pesquisados, apesar de essa participação ser relativamente menor sob comando civil.

Na verdade, o que a análise indica é que o processo de ocupação de cargos civis por militares na administração pública durante o regime militar respondeu menos a um critério corporativo (caso em que a premissa para a convocação para um cargo é pertencer às Forças Armadas) e mais a um critério de competência técnica, isto é, quem possui um dado conhecimento domina a burocracia da área. Portanto, sob esse aspecto, *militarização* é simplesmente a ocupação de cargos tipicamente civis por membros das Forças Armadas.

Conforme antes apontado, o problema é que, até o final dos anos 60, não havia se formado um conjunto de técnicos competentes de forma a substituir os militares por civis, daí um dos motivos pelos quais ser no final dos governos militares que se nota a passagem para mãos civis de instâncias antes reservadas ao meio castrense. Poder-se-ia dizer, então, que a *militarização* do Ministério das Comunicações, da forma como se apresentou, era funcional ao sistema político, pois mantinha o bom funcionamento da administração pública, reforçando a estabilidade do conjunto.

Em contrapartida, tomando por referência a gestão das políticas de cada setor, mesmo levando em conta as diferenças, percebe-se que o grau de *militarização* nas Comunicações foi maior do que na

Educação, principalmente porque as políticas levadas a cabo naquele setor tiveram um militar à frente das decisões mais importantes (a presidência da empresa em formação, por exemplo). Além disso, conforme foi avaliado, a gestão do Plano Nacional de Comunicações – talvez a única política pública para o setor – ficou a cargo dos militares em todas as suas fases, desde o projeto até a execução, incluindo as políticas que lhe eram correlatas. Aqui, a presença militar tem um sentido diferente, pois, ainda que a justificativa seja a competência técnica, o modo de gerir cada setor representa, ao mesmo tempo, um treinamento maior no setor e a impressão de valores ao sistema, conforme informaram tanto Jarbas Passarinho quanto Quandt de Oliveira. Especificamente sobre a questão da burocracia no governo militar, Daland (1981, p.6) afirma que os esforços para modernizar a burocracia falharam e

> a principal razão disto é que, a despeito da criação de um sistema administrativo, os líderes do regime vêem a reforma como um problema de transferência de tecnologia. Na realidade, *o problema é de treinamento administrativo*, de alocação de programas prioritários e de distribuição do comportamento administrativo através da criação de uma nova estrutura de desempenho e incentivos... (grifo nosso)

Outra maneira de avaliar a participação militar na burocracia é seguir as informações orçamentárias. Embora não seja o caso de analisar os orçamentos em sua totalidade, a pesquisa empreendida leva a crer que há uma estreita relação entre objetivos políticos e orçamento, muito mais até que os objetivos econômicos. É para isso que aponta a análise das despesas fixadas para a área militar, sejam essas despesas tomadas por ministério (das três Forças) sejam por função (defesa e segurança). É para isso que aponta a avaliação de Hayes (1998, p.223):

> as barganhas exigidas pelo padrão do sistema político brasileiro determinam a alocação orçamentária. Assim, as alocações para o pessoal civil mostram que o movimento desta categoria reflete a natureza da barganha política vigente no Brasil. Regimes civis são mais dependentes de apoio da clientela [*patronage support*]. Os militares, independentemen-

te dos conflitos políticos da antiga coalizão, poderiam ignorar as demandas da burocracia...

As afirmações de Hayes parecem se confirmar no que se refere tanto à Educação quanto às Comunicações. De fato, os governos pautam a alocação de recursos por um misto entre fatores políticos e técnicos, tendo os primeiros maior peso nos governos civis. É o que se verifica também quando há aumento das verbas destinadas às Forças Armadas no governo do civil José Sarney (tratava-se de um governo que buscava muito de seu apoio no meio castrense, num fenômeno definido como relação de *tutela* militar). Contudo, essa avaliação não permite inferir se houve ou não *militarização*, trata-se apenas de complementar as assertivas aqui apresentadas.

O segundo nível do que chamamos *militarização* da administração pública foi avaliado a partir da vigência, nas políticas públicas de Educação e de Comunicações, de idéias das Forças Armadas, consagradas na doutrina de segurança nacional, ou ainda de metas por elas estabelecidas. Nesse caso, tomando algumas políticas específicas, acompanhamos como as idéias de "segurança e desenvolvimento", bem como os interesses geopolíticos, determinaram a adoção de determinados programas.

Nesse aspecto, novamente é nas Comunicações que se nota não um grau maior e crescente de *militarização* no período em comparação com a Educação, mas uma *militarização* mais aparente. No primeiro caso, acompanhou-se como os discursos governamentais reforçam a idéia de que o desenvolvimento das telecomunicações no país redundariam em maior segurança, tanto no sentido estrito, isto é, maior capacidade de defesa na guerra, como no sentido lato, ou seja, em garantia de tranqüilidade social para o desenvolvimento.

Na determinação das políticas para a educação, as doutrinas militares tiveram, até por interesse e escolha dos líderes militares, um alcance menor e mais restrito. Apesar das reformas promovidas no período, estas foram levadas a cabo por alianças com setores civis ligados ao meio acadêmico, enquanto as Forças Armadas tomaram para si alguns aspectos muito específicos (como foi o controle sobre as disciplinas de Educação Moral e Cívica – OSPB, EPB – e Educação Física, ou a implementação do Mobral), capazes, entretanto, de influenciar na construção do consenso necessário à institucionalização do regime. Aqui, a *militarização* se processou a partir de idéias-força unificadas em torno da construção do "Brasil Potência". Discursos como os das cartilhas do Projeto Minerva exemplificam isso.

Viu-se, contudo, pela análise das políticas específicas, que os militares não abandonaram, tanto na Educação quanto nas Comunicações, os critérios econômicos e de apoio político como norteadores do processo de tomada de decisões. Nesse caso, os militares que assumiram o poder e/ou postos de decisão no período analisado reforçaram velhas práticas sob novos disfarces.

As velhas práticas talvez sobressaiam porque ambos os setores se prestavam à política de clientela,[3] isto é, os principais recursos que detêm o MEC e o Minicom não são, na verdade, os financeiros, mas os humanos e ideológicos, e até certo ponto econômicos. No caso dos recursos humanos, não há lugarejo no país que não deva contar com uma escola ou um posto telefônico.[4] Em relação às Comunica-

---

3 Entende-se por *política de clientela* a relação que se estabelece entre o representante do Estado (patrono) e o cidadão (cliente), na qual o serviço ou produto que está no centro dessa relação é tomado como algo privado do primeiro, que só o fornece ao segundo quando este se compromete a aderir a determinado comportamento, normalmente reforçador da relação de clientela (cf. Mastropaolo, "Clientelismo", in Bobbio et al., 1986, p.177-9). Outro termo, não equivalente mas que talvez traduza melhor essa relação, é *patrimonialismo*.

4 É interessante como aqui parece permanecer a "política dos coronéis" própria do país rural que já não é o caso do Brasil. Analisando essa face da organização da burocracia ministerial, lembramo-nos da pesquisa de Victor Nunes Leal, que, embora tratasse dos compromissos eleitorais no Brasil, não se restringe a ela, pois a prática de troca de favores parece ter extrapolado os limites da representação. Ele informava, escrevendo na década de 1940: "A influência do chefe local nas nomeações atinge os próprios cargos federais, como coletor, agente do correio, inspetor de ensino secundário e comercial etc., e os cargos das autarquias (cujos quadros de pessoal têm sido muito ampliados), porque também é praxe do governo da União, em sua política de compromisso com a situação estadual, aceitar indicações e pedidos dos chefes políticos locais...". E ainda: "A lista de favores não se esgota com os de ordem pessoal. É sabido que os serviços públicos do interior são deficientíssimos ... Sem o auxílio do Estado, dificilmente poderiam empreender obras mais necessárias como estradas, pontes, escolas..." (Leal, 1986, p.44-5).

## A MILITARIZAÇÃO DA BUROCRACIA 199

ções, e como já indicado antes, há ainda os recursos que se disponibilizam a partir das concessões de estações de rádio e televisão, bem como a fiscalização que garante o controle sobre os processos de publicidade e propaganda de governo. Como discute Mattos (1985, p.68): "A concessão de licenças para a exploração de freqüências reforça o controle exercido pelo Estado, pelo simples fato de que tais permissões só são concedidas a grupos que originalmente já apóiam as ações adotadas pelo mesmo". Por outro lado, as pressões são exercidas pelo controle das verbas publicitárias, como o exemplo registrado por Marconi, que diz:

> um dos mais fortes boicotes econômicos já registrados no Brasil a estações de TV ocorreu no Paraná, quando o ex-governador Paulo Pimentel rompeu politicamente com Ney Braga, então Ministro da Educação do governo Geisel. Como resultado do rompimento político, o sistema de comunicação do Sr. Pimentel (formado por jornais e estações de rádio e televisão) *deixou de receber verbas publicitárias e todo e qualquer tipo de subsídio proveniente do Governo* do Paraná, de alguns ministérios e de empresas estatais. (Melo, 1985, p.68, grifos nossos)

Assim, tanto na Educação quanto nas Comunicações, percebe-se a unificação do discurso em torno da doutrina de segurança nacional, que se traduziu em ações como o combate ao analfabetismo, uma política implementada por vários ministérios; conforme informa Daland, (1981, p.344):

> Um conceito crucial na doutrina de segurança nacional é o de integração nacional, visto como uma meta psicossocial. O termo é usado para traduzir um processo complexo que produz uma classe de homens que representam o cidadão ideal para o "novo" Brasil. Este homem processa uma nova consciência, uma dignidade nacional, uma atitude patriótica, um espírito cívico cooperativo. Essa atitude baseia-se nos valores fundamentais da civilização brasileira [conforme entendiam os formuladores da doutrina] entre os quais estão a dignidade humana, liberdade, respeito pela família, moralidade, fé religiosa, disciplina, respeito pelo heróis pátrios, unidade, e um sentimento por um destino comum.

Essa influência, por assim dizer, indireta, se somada ao poder relativamente concentrado nos grupos de trabalho, comissões e conselhos dos dois ministérios analisados, informa que talvez a penetração militar nos órgãos de decisão não tenha acontecido a partir dos cargos executores das políticas – o que equivale a dizer que não era nos ministérios que se tomavam as decisões –, ou do varejo da administração, mas sim nos cargos de consultoria, de transformação de demandas em políticas que concentravam o poder e a faculdade de formular e implementar as políticas públicas. De fato, excetuando-se o CFE, como já mostrado, a participação castrense nesses órgãos foi significativa.

Assim, a despeito de a análise empreendida ter-se restringido às áreas de Comunicação e Educação, é bastante provável que esse tipo de participação castrense tenha se espalhado por toda a administração pública. Por meio desses órgãos, portanto, as Forças Armadas faziam valer seus pontos de vista na formulação mais geral das políticas adotadas.

O que sugerem os dados, principalmente os relativos ao MEC, é que, mais do que uma ditadura das Forças Armadas, o regime implantado no Brasil a partir de 1964 era uma ditadura de classe,[5] cujas alianças foram as verdadeiras responsáveis pelas políticas adotadas.

Nesse sentido, o estudo empreendido corrobora diversas análises que mostram que, na verdade, não houve um processo de *militarização* da administração pública no Brasil, se entendida esta pelo varejo das decisões governamentais. Porém, quando avaliada a participação dos militares na determinação das grandes linhas das políticas adotadas, dos planos a serem realizados, pode-se afirmar, com certa segurança, que, de fato, a *militarização* do país foi um processo

---

5 O termo aqui é utilizado no sentido dado por Karl Marx, isto é, como a classe que detém o monopólio tanto econômico quanto político e ideológico em uma dada sociedade, fazendo, pois, prevalecer seus pontos de vista na relação com outras classes. Assim, o golpe de 1964 e o regime político que lhe seguiu não representaram um momento de "suspensão" do poder estatal, mas uma afirmação de classe, que exercia seu poder por meio de alianças internas a essa classe, excluindo as demais. Diferentemente do que afirma Marx, defende-se aqui que 1964 não significou o nascimento da ditadura de uma classe, mas um aprimoramento da relação de poder (cf. Marx, 1995a, b). Foi Jesus Ranieri quem chamou a atenção para a necessidade da definição.

crescente e contínuo, que, se não teve início em 1964, se acentuou, e muito, a partir do controle do governo pelas Forças Armadas.[6] Como também apontado pelo estudo, o principal papel na formulação e implementação das decisões era exercido pelos órgãos de consultoria e assessoria. Na verdade, a explicação para isso está menos em um planejamento militar para controlar, pela centralização das decisões, toda a burocracia, e mais no fato de que esses organismos funcionavam também como *loci* privilegiados da organização de demandas, porque eram canais de organização e negociação de interesses entre classes e categorias sociais (Maculan, 1981). Em outras palavras, pela mediação dessas agências, os interesses particulares transformavam-se em políticas públicas, anulando, assim, o papel que deveria ser exercido tanto pela estrutura burocrática formal quanto pelo Legislativo.

Outro aspecto relevante é que as alianças promovidas no interior das agências entre as Forças Armadas e as forças políticas tinham um novo sentido. De fato, tanto na tomada de decisões quanto na ocupação de cargos, os dados apontam para o rompimento entre as Forças Armadas e seus aliados históricos, os políticos tradicionais. Assim, o estudo aqui empreendido vai na mesma direção das conclusões de Dreifuss e Dulci (in Almeida & Sorj, 1984, p.98-9), que afirmam que

> Funções antes preenchidas por civis foram acumuladas pelos militares, segundo um modelo de "recepção incompleta de papéis e funções". Assumidos circunstancialmente esses papéis e funções, sua atribuição a militares era rotinizada pela própria experiência adquirida por

---

6 Contra essa avaliação, pesa o fato de que, a partir de 1974, com a reforma administrativa realizada por Geisel, muito do poder tanto dos ministérios quanto dos órgãos de aconselhamento passa para as mãos do Conselho de Desenvolvimento Econômico, centralizando, de forma hierarquizada – pois o presidente da República também o presidia –, as decisões econômicas e o planejamento governamental. Nesse Conselho, como se sabe, os militares não tinham assento, nem mesmo por meio dos ministros das Forças. Isso implicava, portanto, a perda de poder decisório por parte dos militares, mesmo que estes estivessem no governo, e reduzia, também, o poder do próprio Conselho de Segurança Nacional (cf. Codato, 1997).

eles ao desempenhá-los; ela assim se institucionaliza e se torna manifestação estrutural do sistema. Tal *recepção de papéis e funções certamente derivava da vontade dos militares*, mas advinha sobretudo de necessidades que eles percebiam, frente às suas críticas ao sistema anterior *e à forma de ação e de comportamento dos políticos civis...*

As reformas introduzidas nos canais de elaboração de políticas e de tomada de decisões – preparadas sobretudo no governo Castelo Branco e para as quais o Ipes proporcionou o referencial básico – *excluíam dos centros de poder os políticos tradicionais e, no mesmo passo, favoreciam a participação dos militares.* (grifos nossos)

Essa análise aponta para o terceiro nível da *militarização* da administração pública, aquele denominado subjetivo porque implica a transferência dos valores militares para o processo de decisão, de forma tal que o que anima o comportamento dos atores e, pela transferência, o funcionamento do sistema é o seu *ethos*. Esse *ethos*, no caso da gestão por militares, seria paulatinamente constituído pela transferência dos valores castrenses para a administração civil de tal forma que o *ethos* burocrático – e, em termos globais, o político – seria a realização do *ethos* militar.

Nesse caso, não há como nem por que avaliar quantitativamente a *militarização* da administração. O que se pode é, por inferência, e com base no comportamento dos atores, indicar a presença de valores castrenses na análise do processo de decisão. Assim, as tentativas de eliminar o conflito, inerente às demandas que se apresentam ao sistema político, representadas pela concentração do processo nas agências de aconselhamento, são exemplo dessa transferência de valores. Outro exemplo está na concentração das decisões em poucas mãos, o que se exacerba na gestão Geisel, ou ainda na implementação de políticas, as quais deveriam seguir o planejado sem interferência de outras ordens.

Quando se atenta para o processo de transição do regime político, fica ainda mais evidente a *militarização* pela sua vertente subjetiva. É que, diferentemente da necessidade de devolver o controle do governo aos civis, representado pelo projeto de distensão posto em prática por Geisel e continuado por Figueiredo, a *militarização* da administração pública em nenhum momento foi objeto de preocupação. Assim, como aponta a análise, não houve uma transição no interior da burocracia pública brasileira. A própria resistência por reformas, inerente a qualquer burocracia, foi alimentada e moldada pela presença, física, ou não, dos militares em seu interior. É possível, pois, aventar-se a hipótese de que a desestruturação da administração pública federal colocada em prática por Collor de Mello fosse uma tática destinada a superar a *militarização* que deu forma à burocracia brasileira: se o *ethos* militar passou a ser o *ethos* burocrático e não se tem como revolucioná-lo, então é mais fácil destruí-lo do que reformá-lo.

O acompanhamento da carreira de alguns atores apontou, ainda, para a formação de uma burocracia bem treinada, tanto civil como militar, pois não se chegava ao vértice da carreira, sem antes passar por outros postos. Entretanto, isso não foi suficiente – e não é possível determinar se foi um projeto dos gestores militares – para impedir a vigência, no próprio interior da administração, de práticas antigas, como o clientelismo e o revanchismo, que continuaram a permear o processo de decisão, mesmo quando o regime político era tão fechado que parecia dispensar o apoio político dos atores sociais.

A avaliação do processo de decisão, por sua vez, permite considerar como se desenvolveu a burocracia no Brasil. Nesse caso, generalizando o que se estudou para Comunicações e Educação, nota-se que a reforma administrativa (Decreto-Lei n.200/67), levada a cabo pelo governo militar, teve pouco impacto sobre o que de fato mudaria substancialmente o sistema de decisões. É que, na verdade, prevaleceram duas características do sistema anterior. Primeiro, a manutenção nas mãos do presidente da República dos cargos de confiança (os chamados Direção e Assessoramento Superior – DAS).[7]

---

7   O modelo de distribuição de cargos que prevalece no Brasil é o horizontal, no qual nenhum ministro tem controle absoluto sobre sua pasta, sendo os DASs preenchidos conforme os interesses da presidência da República. Essa distribuição privada dos cargos públicos termina por produzir a pulverização dos cargos e a esquizofrenia funcional no âmbito da administração cotidiana (Andrade & Jaccoud, 1993, v.2, p.253 ss.).

Segundo, manteve a centralização normativa enquanto estimulava a descentralização funcional.

Assim, não houve desconcentração do poder; muito pelo contrário, a modernização administrativa reforçou as características centralizadoras do sistema político, transferindo seus problemas para a própria burocracia, daí o grande papel exercido, no que se refere à tomada de decisões, pelo presidente da República. Isto explica, pelo menos em parte, por que houve maior concentração de militares em cargos diretamente vinculados à presidência da República: eram nesses *loci* que se tomavam as decisões (Andrade & Jaccoud, 1993, II, p.253 ss.). Em outras palavras,

o que caracteriza o funcionamento do sistema burocrático brasileiro é a coexistência de processos centralizadores e descentralizadores. A coexistência de tais processos traduz-se em termos de lógicas distintas. Centralização diz respeito ao processo de tomada de decisões, considerando a burocracia governamental em seu conjunto. Descentralização diz respeito à proliferação de esferas de competência e, portanto, à lógica de expansão e fragmentação estrutural do aparelho burocrático. (Boschi & Diniz, 1978, p.104).

A explicação para as características autoritárias do sistema político brasileiro estaria, assim, menos em traços culturais permanentes e mais no sistema burocrático retroalimentador, tanto da concentração de poder quanto das dificuldades de lidar com o conflito, o que foi potencializado pela presença das Forças Armadas no governo, dada a natureza fechada do processo de decisões desse grupo.

Qualquer que seja o sentido da análise, no entanto, percebe-se que a *militarização* da administração pública no Brasil foi menor e mais eficiente (tomada pela divisão de trabalho entre civis e militares nas áreas em que cada um era competente) do que se esperava no início deste estudo (e pelo que sugere o senso comum). Da mesma forma, pela concentração da análise em dois setores dessa administração, nota-se que os líderes das Forças Armadas souberam controlar sua sanha por cargos concentrando seu interesse em áreas nas quais elas tinham competência técnica para gerir; foi o que mostrou o maior grau de militarização nas Comunicações em comparação à Educação.

O estudo também reforçou análises da burocracia nacional que afirmam que, mesmo as características que parecem à primeira vista disfuncionais – como o processualismo, a duplicação de organismos responsáveis por dado setor, a excessiva centralização das decisões etc. – foram, ao que tudo indica, planejadas para agir em conjunto, de tal forma que, no final do processo, é isso que mantém não só a estabilidade da burocracia, mas principalmente a do sistema político como um todo. O preço para essa estabilidade, entretanto, é a necessidade de manutenção de um regime político autoritário, ainda que em graus diferentes do conhecido sob o governo dos generais.

# CONSIDERAÇÕES FINAIS

O que se procurou fazer ao longo deste estudo foi, de fato, aprofundar os conhecimentos a respeito do regime político inaugurado em março de 1964, por meio da discussão do papel desempenhado pelos militares na formulação e implementação de políticas públicas.

Iniciando como um estudo de caso, percebe-se, ao longo do trabalho, que, da maneira como foi abordado o tema, a análise somente faria sentido se confrontada com o processo de constituição da burocracia nacional, e, conseqüentemente, avaliando em conjunto a administração e o governo a fim de compreender o sistema político. Como ao longo do texto ficou explicitado, nem sempre o desejo de transmitir informação preciosa combinou com as necessidades de Estado, seja este central seja periférico.

Se felizes nas pretensões perseguidas, então as sucintas conclusões, registradas em cada capítulo, são suficientes para informar qual a visão do sistema político brasileiro aqui descrita. De toda forma, passa-se agora a resumir os principais pontos do trabalho.

Em primeiro lugar, é necessário lembrar que *militarização* foi definida como um fenômeno que se apresenta de três formas: 1. ela pode ser a ocupação de cargos civis por membros das Forças Armadas – e, em princípio, excetuando-se os ministérios militares (que, em si mesmos, já denotaria um altíssimo grau de militarização do executivo federal), todos os cargos da administração pública são civis; 2. também pode ser a realização pelas políticas governamentais das doutrinas ou idéias defendidas pelas Forças Armadas, como a subordinação a critérios geopolíticos na adoção de um determinado projeto; 3. por último, definimos que a transferência do *ethos* militar para o universo da política também representa um processo de *militarização*. É importante destacar que as diferenças entre o discurso e a prática, pelo menos no que tange à oposição, são bem mais estreitas do que se queria anos atrás.

É bom lembrar que essas três formas são parte de um mesmo processo, são fenômenos que dificilmente se apresentam de forma isolada, pois são interdependentes. Na análise concreta das áreas escolhidas, notou-se que, para o setor de Comunicações, no referente às concessões de estações de meios de comunicação, os critérios que determinaram a Política Pública de Comunicações caracterizaram-se pela convivência entre as necessidades de segurança e integração com fatores clientelísticos. Estes últimos, como discutido, são determinantes na vigência de governos civis, mas não desapareceram durante os anos militares.

Tomando o exemplo do Plano Nacional de Comunicações, discutiu-se que havia uma discrepância entre o discurso oficial para a área – no qual os valores defendidos subordinavam os ganhos econômicos às questões de segurança e integração – e as práticas assumidas. Nestas, avaliadas pela concentração geográfica das concessões, e pela escolha e distribuição do tipo de freqüência de onda a ser empregado em cada região, nota-se que foram os critérios econômicos que presidiram as políticas adotadas.

No plano da presença de militares nos cargos civis, houve uma concentração castrense no Ministério das Comunicações, apontando para a *militarização* desse setor. Reforça essa idéia o fato de a proporção entre militares e civis nesse setor ter-se equilibrado sob governos civis. Entretanto, outra hipótese é a de que os militares possuíam preparo para assumir as Comunicações, e, ao mesmo tempo, os civis foram sendo treinados para substituí-los, daí as diferenças encontradas entre governos civis (pós-84) e militares.

Na área de Educação, nota-se um processo de centralização maior das políticas governamentais no Executivo federal. Isso redundou em um controle maior por parte do governo federal das políticas de ensino nos seus diversos graus, não somente no ensino superior que, como determina a lei, é responsabilidade do Executivo federal. Essa centralização, porém, teve como principal objetivo a unificação do discurso moral e patriótico a ser ministrado nas escolas. Assim, o governo militar utilizava a educação formal como mecanismo de controle social. Não sem razão, portanto, é nos setores ligados à disciplina Educação Moral e Cívica que a presença militar é notada. No MEC, durante todo o período pesquisado, as comissões e departamentos ligados a essa disciplina são dirigidos por membros das Forças Armadas. Nos demais setores do ministério, ao contrário, continuou a predominar civis treinados nas burocracias estaduais de ensino.

Pela análise das políticas públicas de ambas as áreas analisadas, não se percebe um processo de *militarização* como o definido. Isso não significa que não tenha havido um aumento da presença militar na burocracia. Como mostrado, no esteio de outros estudos, essa presença foi maior e até crescente, atingindo a quase totalidade da burocracia governamental. Dessa forma, não foi somente por meio do controle dos instrumentos governativos, mas também pelo controle dos instrumentos burocráticos que o sistema político brasileiro foi influenciado pelos valores castrenses.

Em resumo, a diferença maior percebida entre os governos militares e civis é que, nos primeiros, houve uma centralização maior do poder; ou melhor, seguindo Franz Neumann (1969), uma concentração maior de poder, com a política local, com seus "caciques" e "clientelas", tendo sua autonomia cerceada. Isso não redundou, porém, na superação das práticas políticas que marcam a história do país. É como se as práticas políticas regionais ficassem em suspenso e, quando ressurgiu a oportunidade, voltaram a funcionar. O caso baiano é característico: o *carlismo* nasceu e se criou durante o regime militar,[1] mas não pôde se desenvolver. Quando os civis retornaram ao poder, entretanto, ele viu-se com rédeas soltas, voltando a ser o centro em torno do qual gravitam as escolhas políticas regionais e até nacionais.

O que permaneceu, transformando-se em característica da política nacional, foi a substituição de determinados traços, já autoritários, por outros transparentemente militares, como a prevalência da ordem em detrimento do desenvolvimento, ou a desqualificação de opositores, não tratados como adversários, mas como inimigos, e que, portanto, devem ser eliminados, e não vencidos. Nesse sentido, e como foi definido ao longo do texto, houve um processo de *militarização* da política no Brasil pela transferência de valores nitidamente militares para o comando governamental. Esse processo também atingiu a administração pública, tornando-se uma das características da burocracia nacional.

A transferência de valores, no entanto, ou até por isso mesmo, não foi suficiente para transformar a burocracia em uma "máquina administrativa moderna", conforme defende Weber (1984). De fato, a despeito da incorporação do *ethos* castrense, a burocracia continuou a funcionar como *locus* privilegiado de negociação de políticas públicas nos governos civis, tomando para si uma das funções precípuas dos partidos políticos.

---

[1] O *carlismo* refere-se ao fenômeno representado pela ascensão e pelo modo de ação de Antônio Carlos Magalhães, que, se não chegou à política pelas mãos dos militares, nela permaneceu somente por suas relações com as Forças Armadas. O interessante, nesse caso em especial, é que a prepotência com que o agora senador tratava seus amigos e adversários só não foi maior por causa da presença dos militares no poder. Quando do estabelecimento do governo civil, sua nomeação para o Ministério das Comunicações garantiu a expansão de seu domínio político pelo controle das concessões, e selou o relacionamento entre ele e a Rede Globo. Outros *"ismos"* foram criados sob o autoritarismo militar. Um exemplo bastante interessante, porque nascido no seio da oposição, foi o *chaguismo* no Estado do Rio de Janeiro.

# REFERÊNCIAS BIBLIOGRÁFICAS

## Artigos

ABRANCHES, S. H. Estratégia teórico-metodológica de investigação da variável comportamental: notas para uma estratégia de estudo do comportamento da administração pública brasileira. *Revista de Administração Pública (Rio de Janeiro)*, v.11, n.4, p.11-23, out.-dez. 1997.

AGÜERO, F. Las Fuerzas Armadas en una época de transición: perspectivas para el afianzamiento de la democracia en América Latina. In: DIAMINT, R. (Ed.) *Control civil e Fuerzas Armadas en las nuevas democracias latinoamericanas*. Buenos Aires: Nuevohacer, 1999. p.69-104.

ASSIS FERNANDES, F. 65 anos de radiodifusão no Brasil. *Revista Brasileira de Comunicação*, Ano X, n.56, p.77-81, jan.-jun. 1987.

BARRETO, K. M. Governabilidade e perspectivas para o papel político dos militares no Brasil. Texto apresentado no Encontro Anual da Anpocs, out., 1991. (Mimeogr.).

BARROS, A. S. C. A formação das elites e a continuidade da construção do Estado nacional. *Dados (Rio de Janeiro)*, n.15, p.101-22, 1977.

BOAVENTURA, E. M. A educação na Constituinte de 1946: comentários. In: FÁVERO, O. (Org.) *A Educação nas constituintes brasileiras, 1823-1988*. Campinas: Autores Associados, 1996.

BOSCHI, R. R., DINIZ, E. Burocracia, clientela e relações de poder: um modelo teórico. *Dados (Rio de Janeiro)*, n.17, p.97-116, 1978.

BREED, W. Comunicação de massa e integração sociocultural. In: COHN, G. (Org.) *Comunicação e indústria cultural*. São Paulo: Ed. Nacional, 1971.

CARVALHO, J. M. As Forças Armadas na Primeira República: o poder desestabilizador. In: FAUSTO, B. (Org.) *História geral da civilização brasileira, o Brasil republicano*. São Paulo: Difel, 1977. t.2, v.III: Sociedade e instituições (1889-1990). p.181-294.

CAVAGNARI FILHO, G. L. Introdução ao estudo de uma potência média. In: OLIVEIRA, E. R. (Org.) *Militares: pensamento e ação política*. Campinas: Papirus, 1987.

COELHO, E. C. A instituição militar no Brasil: um ensaio bibliográfico. *BIB (São Paulo)*, v.19, 1° sem. 1985.

CHAUÍ, M. A universidade operacional. *Folha de S.Paulo*, São Paulo, 9.5.1999. Caderno Mais!

CURY, C. R. J., HORTA, J. S. B., FÁVERO, O. A relação educação-sociedade-Estado pela mediação jurídico-constitucional. In: FÁVERO, O. (Org.) *A Educação nas constituintes brasileiras, 1823-1988*. Campinas: Autores Associados, 1996. p.5-30.

DIÁRIO OFICIAL DA UNIÃO. Várias datas.

DRAIBE, S. M. *Welfare State* no Brasil: características e perspectivas. *Caderno de Pesquisa*. Campinas: NEPP-Unicamp, n.8, 1988, 84p.

DREIFUSS, R. A., DULCI, O. S. As Forças Armadas e a política. In: ALMEIDA, M. H., SORJ, B. (Org.) *Estado e política no Brasil pós-64*. 2.ed. São Paulo: Brasiliense, 1984.

FERREIRA, O. S. A educação do Príncipe. *O Estado de S. Paulo*, São Paulo, 18.4.1994. p.A-4.

FIGUEIREDO, M. F., CHEIBUB, J. A. B. A abertura política de 1973 a 1981: quem disse o que e quando – inventário de um debate. *BIB – O que se deve ler em Ciências Sociais hoje*, n.2, 1987.

FOLHA DE S.PAULO. Sarney cria império de comunicações no MA. 4.9.1995, p.1-9.

_____. Duração dividiu aliados do regime. 6.12.1998, p.1-12.

GÓES, W. de. Militares ocupam 1/3 dos cargos federais. *O Estado de S. Paulo*, São Paulo, 25.11.1979. p.18-9.

HORTA, J. S. B. A educação no Congresso Constituinte de 1966-1967. In: FÁVERO, O. (Org.) *A Educação nas constituintes brasileiras, 1823-1988*. Campinas: Autores Associados, 1996. p.201-39.

HUNTER, W. Crontradictions of civilian control: Argentina, Brazil and Chile in the 1990's. *Thierd Word Quartely*, v.15, n.4, 1994.

JORNAL DA TARDE. Reportagem especial República "Socialista Soviética do Brasil", edições de 8 a 29.8.1983.

LAMOUNIER, B., MOURA, A. R. Política econômica e abertura política no Brasil. *Textos Idesp*, n.4, 1984.

LINZ, J. Regimes autoritários. In: PINHEIRO, P. S. (Org.) *Estado autoritário e movimentos populares*. Rio de Janeiro: Paz e Terra, 1980.

LOBATO, E. Oito grupos dominam as TVs no Brasil. *Folha de S.Paulo*, São Paulo, 12.6.1994. p.1-17.

_____. Política marca história das telecomunicações. *Folha de S.Paulo*, São Paulo, 3.9.1995a. p.1-13.

_____. Raio X das telecominicações. *Comunicação e Sociedade*, Ano I, n.3, p.36-41, maio-ago. 1995b.

MARKOFF, J., BARETTA, S. R. D. Professional Ideology and Military Activism in Brazil: critique of a thesis of Alfred Stepan. *Comparative Politics*, v.17, n.2, Jan. 1985.

MARTINS, C. E., VELASCO E CRUZ, S. De Castello a Figueiredo: uma incursão na pré-história da "abertura". In: ALMEIDA, M. H. T., SORJ, B. *Sociedade e política no Brasil pós-64*. 2.ed. São Paulo: Brasiliense, 1984.

MATHIAS, S. K. Os militares na Constituição: a construção da autonomia. *Política & Estratégia*, v.IX, p.21-35, 1991.

MATHIAS, S. K., BELELI, I. Os militares e a consolidação democrática. *Premissas*. Campinas, NEE-Unicamp, caderno 10, p.87-106, ago. 1995.

MATTOS, S. O controle econômico. In: MELO, J. M. (Org.) *Comunicação e transição democrática*. Porto Alegre: Mercado Aberto, 1985. p.61-79.

MELLO, L. I. A. Golbery revisitado: da abertura controlada à democracia tutelada. In: MOISÉS, J. A., ALBUQUERQUE, J. A. (Org.) *Dilemas da consolidação da democracia*. Rio de Janeiro: Paz e Terra, 1989.

MOISÉS, J. Á. Entre a "incerteza" e a transição política: uma crítica à primeira geração de estudos sobre transição. *Novos Estudos Cebrap*, n.40, nov. 1994.

NUNES, E. O. Legislativo, política e recrutamento de elites no Brasil. *Dados (Rio de Janeiro)*, n.17, p.53-78, 1978.

O'DONNELL, G. Democracia delegativa? *Novos Estudos Cebrap*, n.31, out. 1991.

OLIVEIRA, A. M. M. Introdução crítica à literatura sobre políticas públicas. *Cadernos IUPERJ*. Rio de Janeiro: IUPERJ, 1982, n.3, 35p.

OLIVEIRA, E. R. A doutrina de segurança nacional: pensamento político e projeto estratégico. In: OLIVEIRA, E. R. (Org.) *Militares: pensamento e ação política*. Campinas: Papirus, 1987a.

_____. O aparelho militar: papel tutelar na Nova República. In: MORAES, J. Q. et. al. *A tutela militar*. São Paulo: Vértice, 1987b.

OLIVEIRA, R. P. A educação na Assembléia Constituinte de 1946. In: FÁVERO, O. (Org.) *A Educação nas constituintes brasileiras, 1823-1988*. Campinas: Autores Associados, 1996. p.153-90.

QUARTIM DE MORAES, J. Alfred Stepan e o poder moderador. *Filosofia Política*, n.2, 1985.

ROUQUIÉ, A. La desmilitarización y la institucionalización de los sistemas políticos dominados por los militares en América latina. In: O'DONNELL, G., SCHMITTER, P., WHITEHEAD, L. (Ed.) *Transiciones desde un gobierno autoritario, perspectivas comparadas*. Buenos Aires: Paidós, 1988. p.171-211.

SAES, D. Uma contribuição à crítica da Teoria das Elítes. *Revista de Sociologia e Política (Curitiba)*, n3, p.7-19, 1995.

SAVIANI, D. Análise crítica da organização escolar brasileira através das Leis 5.540/68 e 5.692/71. In: GARCIA, W. E. (Org.) *Educação brasileira contemporânea*: organização e funcionamento. São Paulo: McGraw-Hill, 1978.

SOARES, M. C. Televisão e democracia. In: MATOS, H. (Org.) *Mídia, eleições e democracia*. São Paulo: Scritta, 1994. p.120-1.

STEPAN, A. Caminos hacia la democratización: consideracines teóricas y análisis comparativos. In: O'DONNELL, G., SCHMITTER, P. WHITEHEAD, L. (Ed.) *Transiciones desde un gobierno autoritario*: perspectivas comparadas. Buenos Aires: Paidós, 1988.

A MILITARIZAÇÃO DA BUROCRACIA    215

## Documentos

BRASIL. *Programa de ação econômica do governo, 1964-1966.* Brasília: Ministério do Planejamento e Coordenação Econômica, 1965. (Documento Epea, n.1).

_____. *Relatório do seminário sobre política e planejamento da educação e cultura.* Brasília: MEC, 1979.

_____. *Políticas públicas e educação.* Brasília: MEC, 1987.

_____. (Presidência da República). *Plano Trienal de Desenvolvimento Econômico e Social* – 1963-1965 (síntese). Brasília, dez., 1962, 195p.

_____. *Plano Nacional de Telecomunicações.* Dec.52.859, de 18 de novembro de 1963. Brasília: Conselho Nacional de Telecomunicações, 1963.

_____. *I Plano Nacional de Desenvolvimento (PND)* – 1972-1974. Brasília: Seplan, 1971.

_____. *III Plano Nacional de Desenvolvimento (1980-1985).* Brasília: Seplan, 1981.

_____. *I Plano Nacional de Desenvolvimento da Nova República (1986-1989).* Brasília: Secretária de Imprensa da Presidência, 1986.

_____. (Gabinete Civil). *Governos da República.* Brasília: Serviço de Documentação do Governo da República, 1984.

_____. (Câmara dos Deputados). *Educação: doze anos depois.* Câmara dos Deputados, Brasília, 1985.

_____. (Congresso Nacional). Leis, decretos etc. "Educação Moral e Cívica no currículo escolar": Decreto-lei 869/69. *Revista Brasileira de Estudos Pedagógicos,* n.117, p.151-76, jan.-mai. 1970.

_____. *Diretrizes e bases para o ensino de 1º e 2º graus* – Lei 5.692, de 11 de agosto de 1971. Brasília, 1971.

_____. *Diretrizes e bases da educação nacional* – Lei 4.024, de 20 de dezembro de 1961. Brasília, s. d. (a).

_____. *Código Brasileiro de Telecomunicações* – Lei 4.117, de 27 de agosto de 1962. Brasília, s. d. (b).

_____. *Quem é quem na administração federal,* Brasília, Lei 4.117, de 27 de agosto de 1962. Brasília, s. d. (c).

BRASIL. (Senado da República). Outorgas de estações de rádio e televisão. Prodasem – Processamento de Dados do Senando. SSINF/Aquarius, 1999.

CEPDOC/FGV. *Dicionário histórico biográfico brasileiro* (1930-1983). Rio de Janeiro: Forense, Finep, 1984.

ESTATÍSTICAS da Mídia (estações de rádio e televisão existentes e seu crescimento). IBGE. *Anuário Estatístico do Brasil, 1963-1992*. Rio de Janeiro: IBGE, 1986.

GRUPO VISÃO. *Perfil* – Poder Executivo Federal, 29.3.1968, outubro de 1973, novembro de 1974 e 1980.

ORÇAMENTO da República: despesas da União fixadas por função de governo IBGE. *Anuário Estatístico do Brasil, 1963-1992*. Rio de Janeiro: IBGE, 1986.

TERCEIRO MUNDO. *Almanaque Brasil*. Rio de Janeiro: Ed. Terceiro Mundo, 1995-1996.

## Fontes utilizadas para compor o perfil dos governos analisados

ALMANAQUE BRASIL. Rio de Janeiro: Ed. Terceiro Mundo, 1995-1996. p.22-3.

CAMPANHOLE, A., CAMPANHOLE, H. L. *Constituições do Brasil*. 9.ed. São Paulo: Atlas, 1987. 726p.

CORKE, B. (Ed.) *Who is who*: Governament, Politics, Banking and Industry in Latin America. New York: Decade Media, 1989. p.44-72.

FGV-CPDoc. *Dicionário histórico biográfico brasileiro* (1930-1983). Rio de Janeiro: Forense, Finep, 1984.

GRUPO VISÃO. *Perfil* – Poder Executivo Federal, 29.3.1968, outubro de 1973, novembro de 1974 e 1980.

MINISTÉRIO DO PLANEJAMENTO e Coordenação Econômica. *Programa de Ação Econômica do Governo, 1964-1966*. 2.ed. Brasília: MPCE, 1965. (Documento Epea n.1).

## Entrevistas

Comandante Euclides Quandt de Oliveira (oficial da Marinha, presidente do Contel, da Telebras e ministro das Comunicações no governo Geisel). Entrevista concedida à autora em 6.1.1999.

Profa. Esther de Figueiredo Ferraz (Educadora, ministra da Educação no governo Figueiredo). Entrevista concedida à autora em 21.5.1999.

Senador Jarbas Passarinho (coronel do Exército, ministro nos governos Costa e Silva, Médici e Collor de Mello, senador da República). Entrevista realizada em 11.12.1998. As perguntas centraram-se no período em que o senador esteve à frente do Ministério da Educação (governo Médici).

## Livros e teses

ABRANCHES, S. H. *The Divided Leviathan*: State and Economic Policy Formation in Authoritarian Brazil. These (Ph.D) – Cornnell University, 1978. (Mimeogr.).

ABRANCHES, S. H., LIMA JUNIOR, O. B. (Ed.) *As origens da crise*: Estado autoritário e planejamento no Brasil. São Paulo: Vértice, 1987.

ABREU, H. *O outro lado do poder*. Rio de Janeiro: Nova Fronteira, 1979.

ADESG. *Almanaque*. Rio de Janeiro: Adesg, 1984.

ALMEIDA, M. H. T. de, SORJ, B. (Org.) *Sociedade e política no Brasil pós-64*. São Paulo: Brasiliense, 1984.

ALVES, M. H. M. *Estado e oposição no Brasil (1964-1984)*. Vozes: Petrópolis, 1985.

ANDRADE, R. C., JACCOUD, L. (Org.) *Estrutura e organização do Poder Executivo*. Administração pública brasileira. Brasília: SAF, Enap, 1993. 2v.

ANDRÉ, A. *Ética e códigos de comunicação social*. Porto Alegre: Sulina, 1979.

ARAÚJO, M. J. C. *O financiamento da educação no Brasil*. São Paulo: EPU, 1987.

BACHA, E., KLEIN, H. S. (Org.) *A transição incompleta*: Brasil desde 1945. Rio de Janeiro: Paz e Terra, 1986. v.2.

BANDEIRA, M. *O governo João Goulart*: as lutas sociais no Brasil, 1961-1964. Rio de Janeiro: Civilização Brasileira, 1977.

BARROS, A. S. C. *The Brazilian Military Professional Socialization, Political Performance and State Building*. Chicago, 1981. These (Ph.D) – Chicago University. (Mimeogr.)

BENEVIDES, M. V. M. *O governo Kubitschek*: desenvolvimento econômico e estabilidade política, 1956-1961. 2.ed. Rio de Janeiro: Paz e Terra, 1976. 294p.

_____. *A UDN e o udenismo*: ambigüidades do liberalismo brasileiro (1945-1965). Rio de Janeiro: Paz e Terra, 1981.

BITTENCOURT, G. *A quinta estrela*: como se tenta fazer um presidente no Brasil. São Paulo: Ciências Humanas, 1978.

BOBBIO, N. *O futuro da democracia*: uma defesa das regras do jogo. 2.ed. Rio de Janeiro: Paz e Terra, 1986.

_____. *A era dos direitos*. Rio de Janeiro: Campus, 1992.

BOBBIO, N. et. al. *Dicionário de política*. Brasília: Editora da UnB, 1986.

BRESSER PEREIRA, L. C. *A sociedade estatal e a tecnoburocracia*. São Paulo: Brasiliense, 1981.

BRIGAGÃO, C. *A militarização da sociedade*. Rio de Janeiro: Zahar, 1985.

CAMARGO, N., PINTO, V. *Communication Policies in Brazil*. Paris: Unesco Press, 1975.

CAMPOS, M. R. M., CARVALHO, M. A. *A Educação nas constituições brasileiras*. Campinas: Pontes, 1991.

CANTARINO, G. *1964, a revolução para inglês ver*. Rio de Janeiro: Mauad, 1999.

CASTELLO BRANCO, C. *Os militares no poder*. Rio de Janeiro: Nova Fronteira, 1978. 3v.

CASTELO BRANCO, H. A. *Discursos, 1967*. Brasília: Secretaria de Imprensa da Presidência da República, 1967.

CHAGAS, C. *A guerra das estrelas (1964/1984)*: os bastidores das sucessões presidenciais. Porto Alegre: L&PM, 1985.

CODATO, A. N. *Sistema político e política econômica no Brasil pós-64*. São Paulo: Hucitec, 1997. 367p.

COELHO, E. C. *Em busca de identidade*: o Exército e a política na sociedade brasileira. Rio de Janeiro: Forense Universitária, 1976.

COHN, G. (Org.) *Comunicação e indústria* cultural. São Paulo: Ed. Nacional, 1971.

COLLIER, D. (Org.) *O novo autoritarismo na América Latina*. Rio de Janeiro: Paz e Terra, 1982.

COMBLIN, J. *A ideologia da segurança nacional*: o poder militar na América Latina. 2.ed. Rio de Janeiro: Civilização Brasileira, 1978.

CORKE, B. (Ed.) *Who is Who*: Government, Politics, Banking and Industry in Latin America. 2.ed. New York: Decade Media, 1989. p.44-72.

COSTA E SILVA, A. *Pronunciamentos* (Discursos, mensagens e entrevistas). Brasília: Presidência da República, Secretaria de Imprensa e Divulgação, 1983. 2t.

COUTO, R. C. *História indiscreta da ditadura e da abertura*. Brasil: 1964-1985. São Paulo: Record, 1999.

COUTO E SILVA, G. *Conjuntura política nacional, o Poder Executivo*. Rio de Janeiro: José Olympio Ed. 1981.

CUNHA, L. A. R. *Educação e desenvolvimento social no Brasil*. 7.ed. Rio de Janeiro: Francisco Alves, 1983.

_____. *A universidade reformada*; o golpe de 1964 e a modernização do ensino superior. Rio de Janeiro: Francisco Alves, 1988.

_____. *Política educacional no Brasil*: a profissionalização do ensino médio. Rio de Janeiro: Livraria Eldorado, s. d.

CUNHA, L. A. R., GÓES, M. *O golpe na educação*. 5.ed. Rio de Janeiro: Jorge Zahar Editores, 1988.

D'ARAUJO, M. C., CASTRO, C. (Org.) *Ernesto Geisel*. Rio de Janeiro: Fundação Getúlio Vargas, 1997.

DALAND, R. T. *Exploring Brazilian Bureaucracy*: Performance and Pathology. Washington: University Press of America, 1981. 445p.

DIAMINT, R. (Ed.) *Control Civil e Fuerzas Armadas en las nuevas democracias latinoamericanas*. Buenos Aires: Nuevohacer, 1999.

DIXON, N. F. *Sobre la psicologia de la incompetencia militar.* Barcelona: Editorial Anagrama, 1977.

DREIFUSS, R. A. *1964: a conquista do Estado.* Ação política, poder e golpe de classe. 3.ed. Petrópolis: Vozes, 1981.

DROSDOFF, D. *Linha dura no Brasil:* o governo Médici, 1969-1974. São Paulo: Global, 1986.

ESCOLA SUPERIOR DE GUERRA. *Manual básico.* Brasília: Estado Maior das Forças Armadas, 1980.

EVAN, P. et. al. *Bringing the State back in.* Cambridge: Cambridge University Press, 1985.

FAORO, R. *Os donos do poder.* 6.ed. Porto Alegre: Globo, 1985. 2v.

FÁVERO, O. (Org.) *A Educação nas constituintes brasileiras, 1823-1988.* Campinas: Autores Associados, 1996.

FAUCHER, P. *Le Brésil des militaires.* Québec: Presses de L'Université de Montréal, 1981.

FERNANDES, F. *A universidade brasileira:* reforma ou revolução? São Paulo: Alfa-Ômega, 1975.

FERREIRA, M. G. *Educação brasileira:* o CEE e o projeto político pedagógico pós-64. Campinas: Editora da Unicamp, 1989.

FERREIRA, O. S. *Uma constituição para a mudança.* São Paulo: Duas Cidades, 1986.

_____. *Forças Armadas para quê?* São Paulo: GRD, 1988. 212p.

FGV-CPDoc. *Dicionário histórico biográfico brasileiro* (1930-1983). Rio de Janeiro: Forense, Finep, 1984.

FIECHTER, G.-A. *O regime modernizador no Brasil, 1964/1972.* Rio de Janeiro: FGV, 1974.

FIGUEIREDO, J. B. O. *Discursos:* 1979. Brasília: Presidência da República, Secretaria de Imprensa e Divulgação, 1981. v.1.

FINER, S. *The Man on Horseback:* The Role of Military in Politics. London: Pall Mal Press, 1975.

FOSSÁ, A. A. *Manual do radioescuta.* s. l.: s. n., [1994].

FREITAG, B. *Escola, Estado e sociedade.* 3.ed. São Paulo: Cortez e Moraes, 1979. 142p.

GARCIA, W. E. (Org.) *Educação brasileira contemporânea:* organização e funcionamento. São Paulo: McGraw-Hill, 1978.

GERMANO, J. W. *Estado militar e educação no Brasil* (1964-1985). 2.ed. São Paulo: Cortez, Editora da Unicamp, 1994.

GÓES, W. de. *O Brasil do general Geisel*. Rio de Janeiro: Nova Fronteira, 1978.

GÓES, W. de., CAMARGO, A. *O drama da sucessão e a crise do regime*. Rio Janeiro: Nova Fronteira, 1984.

GRAMSCI, A. *Os intelectuais e a organização da cultura*. São Paulo: Círculo do Livro, s. d.

GUERREIRO, R. S. *Lembranças de um empregado do Itamaraty*. São Paulo: Siciliano, 1992.

HAYES, M. *Policy Performance and Authoritarianism in Brazil*: Puplic Expendidures and Institucional Change, 1950-1967. Michigan: UMI, 1998.

HERZ, D. O controle técnico e legal. In: MELO, J. M. (Org.) *Comunicação e transição democrática*. Porto Alegre: Mercado Aberto, 1985.

_____. *A história secreta da Rede Globo*. Porto Alegre: Tchê!, 1987. 300p.

HORTA, J. S. B. *Liberalismo, tecnocracia e planejamento educacional no Brasil*. São Paulo: Cortez, Autores Associados, 1982. 226p.

HUNTINGTON, S. *Ordem política nas sociedades em mudança*. São Paulo: Forense Universitária, Edusp, 1975.

JANNUZZI, G. M. *Confronto pedagógico*: Paulo Freire e Mobral. 3.ed. São Paulo: Cortez, 1987.

JOHNSON, J. J. *The Military and Society in Latin America*. Stanford-CA: Stanford University Press, 1968.

KRISCHKE, P. J. (Org.) *Brasil: do "milagre" à "abertura"*. São Paulo: Cortez, 1982.

LAFER, C. *O sistema política brasileiro*. São Paulo: Perspectiva, 1975. 134p.

LAMOUNIER, B., WEFFORT, F., BENEVIDES, M. V. (Org.) *Direito, cidadania e participação*. São Paulo: TAQ, 1981.

LEAL, V. N. *Coronelismo, enxada e voto, o município e o regime representativo no Brasil*. 5.ed. São Paulo: Alfa-Ômega, 1986.

LIEUWEN, E. *Arms and Politics in Latin America*. New York: Concil on Foreign Relations, 1967.

LIMA, D. M. *Os senhores da direita*. Rio de Janeiro: Antares, 1980.

LINDBLOM, C. E. *O processo de decisão política*. Brasília: Editora da UnB, 1981.

LINDENBERG, K. *Fuerzas Armadas y politica en America Latina* – Bibliografia selecta. Chile: E. Universitaria, 1972.

LIPSET, S. M. *O homem político (Political Man)*. Rio de Janeiro: Zahar Ed., 1967.

LOBO, C. *Radiodifusão alternativa*. Manual técnico teórico e prático. Rádios livres e comunitárias. 7.ed. São Paulo: Ed. do autor, 1998. (Apostila).

LOPES, M. A. R. (Coord.) *Constituição da República Federativa do Brasil*. São Paulo: Revista dos Tribunais, 1996.

MACHADO, A. *A arte do vídeo*. São Paulo: Brasiliense, 1988.

MACULAN, A. M. *O processo decisório no setor de telecomunicações*. Rio de Janeiro, 1981. 196p. Dissertação (Mestrado em Ciência Política) – IUPERJ. (Mimeogr.).

MANZINE-COVRE, M. L. *A fala dos homens*. Estudo de uma matriz cultural de um Estado de Mal-Estar. 2.ed. São Paulo: Brasiliense, 1993.

MARTINS, C. E. *Tecnocracia e capitalismo – a política dos técnicos no Brasil*. São Paulo: Brasiliense, Cebrap, 1975.

MARTINS, C. B. (Org.) *Ensino superior brasileiro: transformações e perspectivas*. São Paulo: Brasiliense, 1989.

MARTINS, L. *Pouvoir et développement économique*: formation et évolution des strutures politiques au Brésil. Paris: Anthropos, 1976. 472p.

_____. *Estado capitalista e burocracia no Brasil pós-64*. 2.ed. Rio de Janeiro: Paz e Terra, 1991. 265p.

MARX, K. Prefacio à crítica da economia política. In: _____. *Os pensadores*. 3.ed. São Paulo: Abril Cultural, 1995a.

_____. O 18 Brumário de Luis Bonaparte. In: _____. *Os pensadores*. 3.ed. São Paulo: Abril Cultural, 1995b.

MATHIAS, S. K. *Distensão no Brasil*: o projeto militar. Campinas: Papirus, 1995.

MATOS, H. (Org.) *Mídia, eleições e democracia*. São Paulo: Scritta, 1994.

MATTOS, C. M. *A geopolítica e as projeções do poder*. Rio de Janeiro: José Olympio, 1977.

MATTOS, S. *Um perfil da TV brasileira*. 40 anos de história: 1950-1990. Salvador: A Tarde, 1990.

MÉDICI, E. G. *Nova consciência do Brasil*. Brasília: Secretaria de Imprensa da Presidência da República, 1971.

_____. *A compreensão do povo*. Brasília: Secretaria de Imprensa da Presidência da República, 1974.

MELCHIOR, J. C. A. *O financiamento da educação no Brasil*. São Paulo: EPU, 1987. 156p.

MELO, J. M. *Comunicação, opinião, desenvolvimento*. Petrópolis: Vozes, 1971.

MELO, J. M. *Comunicação e direito à informação*: questões da velha e da nova República. Campinas: Papirus, 1986.

_____. (Org.) *Comunicação e transição democrática*. Porto Alegre: Mercado Aberto, 1985.

MIYAMOTO, S. *Do discurso triunfalista ao pragmatismo ecumênico*. Geopolítica e política externa no Brasil pós-64. São Paulo, 1985. Tese (Doutorado em Ciência Política) – Faculdade de Filosofia, Letras e Ciências Humanas, Universidade de São Paulo. (Mimeogr.).

_____. *Escola Superior de Guerra: mito e realidade*. Marília: UNESP, 1988.

_____. *Geopolítica e poder no Brasil*. Campinas: Papirus, 1995.

MONTARROYOS, J. G. *Educação de adultos como doutrinação*. Recife: Ed. Universitária, 1982. 143p.

MORAES, J. Q. et al. *A tutela militar*. São Paulo: Vértice, 1987.

_____. *Liberalismo e ditadura no Cone Sul*. Campinas: IFCHUnicamp, 2001.

MORAIS, F. *Chatô: o rei do Brasil*. São Paulo: Companhia das Letras, 1997.

MOTA, L. D. *Quem manda no Brasil?* São Paulo: Ática, 1987.

MOURA, A. S. (Org.) *O Estado e as políticas públicas na transição democrática*. São Paulo: Vértice, 1989.

MOURA E CASTRO, C. O que está acontecendo com a educação no Brasil? In: BACHA, E., KLEIN, H. S. (Org.) *A transição incompleta*: Brasil desde 1945. Rio de Janeiro: Paz e Terra, 1986. v.2, p.103-61.

NEUMANN, F. *Estado democrático e Estado autoritário*. Rio de Janeiro: Zahar, 1969.

NEVES, L. M. W. *Educação e política no Brasil de hoje*. São Paulo: Cortez, 1994. 120p.

NUNES, M. A. M. *Rádios livres*. O outro lado da voz do Brasil. São Paulo, 1995. Dissertação (Mestrado em Comunicação) – Escola de Comunicação e Artes, Universidade de São Paulo, 1995.

O'DONNELL, G. *Contrapontos: autoritarismo e democratização*. São Paulo: Vértice, 1986.

_____. *Transiciones desde un gobierno autoritario*: perspectivas comparadas. Buenos Aires: Paidós, 1988a.

_____. *Transições do regime autoritário*: sul da Europa. São Paulo: Vértice, 1988b.

_____. *Análise do autoritarismo burocrático*. Rio de Janeiro: Paz e Terra, 1990.

O'DONNELL, G., SCHMITTER, P. (Ed.) *Transições do regime autoritário*: primeiras conclusões. São Paulo: Vértice, 1988.

OLIVEIRA, D. *Política de concessão de canais de radiodifusão*. Monografia de conclusão de curso em História. Curitiba: FCHLA, UFPR, 1986. p.4. (Mimeogr.).

_____. *Estado e mercado na radiodifusão*. Campinas, 1990. Dissertação (Mestrado) – Instituto de Filosofia e Ciências Humanas, Universidade Estadual de Campinas.

OLIVEIRA, E. Q. de. *Renascem as telecomunicações*. São José dos Pinhais: Editel, 1992. v.1: Construindo a base.

OLIVEIRA, E. R. *As Forças Armadas: política e ideologia no Brasil* (1964-1969). Petrópolis: Vozes, 1976.

_____. (Org.) *Militares: pensamento e ação política*. Campinas: Papirus, 1987.

_____. *De Geisel a Collor*: Forças Armadas, transição e democracia. Campinas: Papirus, 1994.

OLIVEIRA, E. R. et. al. *As Forças Armadas no Brasil*. Rio de Janeiro: Espaço e Tempo, 1987.

ORTRRIWANO, G. S. *A informação no rádio*: critérios de seleção de notícias. São Paulo, 1982. Dissertação (Mestrado) – Escola de Comunicação e Artes, Universidade de São Paulo. (Mimeogr.).

PETRAS, J. *Latin America: Bankers, Generals, and the Struggle for Social Justice*. Totowa: Rowman & Littlefield, 1986.

PINHEIRO, P. S. (Org.) *Estado autoritário e movimentos populares*. Rio de Janeiro: Paz e Terra, 1980.

PORTELA DE MELO, J. *A revolução e o governo Costa e Silva*. Rio de Janeiro: Guavira, 1979.

PRZEWORSKI, A. *Democracia e mercado no Leste Europeu e na América Latina*. Rio de Janeiro: Relumé-Dumará, 1994.

QUARTIM DE MORAIS, J. et. al. *A tutela militar*. São Paulo: Vértice, 1987.

RATTENBACH, B. *El sistema social-militar en la sociedad moderna*. Buenos Aires: Pleamar, 1972.

ROUQUIÉ, A. (Dir.) *Les partins militaires au Brésil*. Paris: Presses de la Fondation Nationale des Sciences Politiques, 1980.

SAINT-PIERRE, H. *Max Weber*: entre a paixão e a razão. Campinas: Editora da Unicamp, 1991. 175p.

SANTOS, R. *Vade-mécum da comunicação*. 11.ed. Rio de Janeiro: Destaque, 1995.

SANTOS, W. G. dos. *Sessenta e quatro*: anatomia da crise. São Paulo: Vértice, 1986.

SCHMITT, C. *O conceito do político*. Petrópolis: Vozes, 1992.

SCHMITTER, P. *Interest Conflict and Political Change in Brazil*. Stanford: Stanford University Press, 1971. 499p.

SCHNEIDER, B. R. *Politics within the State*: Elite Bureaucrats & Industrial Policy in Authoritarian Brazil. Pittsburgh: University of Pittsburgh Press, 1991. 337p.

SCHOOYANS, M. *Destin du Brésil*. Bruxelles: Dulcolot, 1973.

_____. *Demain le Brésil?* Militarism et technocratie. Paris: Les Éditions du Cerf, 1977.

SEADE. *Educação em São Paulo*: uma análise regional. São Paulo: Fundação Seade, 1989.

SILVA, H. *1964: golpe ou contragolpe?* Rio de Janeiro: Civilização Brasileira, 1975.

_____. *O poder militar*. Porto Alegre: L&PM, 1984. 3v.

SKIDMORE, T. *Brasil: de Getúlio a Castelo*. Rio de Janeiro: Paz e Terra, 1975.

_____. *Brasil: de Castelo a Tancredo*. Rio de Janeiro: Paz e Terra, 1988.

SOARES, G. A. D., D'ARAUJO, M. C., CASTRO, C. *A volta aos quartéis*: a memória militar sobre a abertura. Rio de Janeiro: Relume-Dumará, 1995. 328p.

SOARES, S. *Militares e pensamento político*: análise das monografias da Escola de Comando e Estado Maior do Exército (1985-1993). São Paulo, 1994. Dissertação (Mestrado em Ciência Política) – Faculdade de Filosofia, Letras e Ciências Humanas, Universidade de São Paulo. (Mimeogr.).

SODRÉ, N. W. *A história militar do Brasil*. Rio de Janeiro: Civilização Brasileira, 1965.

STEPAN, A. *Os militares na política*. Rio de Janeiro: Artenova, 1975.

TAVARES, R. C. *Histórias que o rádio não contou*. Do Galena ao Digital, desvendando a radiodifusão no Brasil e no mundo. São Paulo: Negócio, 1997.

THERBORN, G. *Como domina la clase dominante?* México-DF: Siglo Ventiuno, 1982.

TRAGTENBERG, M. *Burocracia e ideologia*. São Paulo: Ática, 1985. 228p.

VELLOSO, J. P. R. *O último trem para Paris*; de Getúlio a Sarney: "milagres", choques e crises do Brasil moderno. 2.ed. Rio de Janeiro: Nova Fronteira, 1986. 489p.

VIANA FILHO, L. *O governo Castelo Branco*. Rio de Janeiro: Bibliex, José Olympio, 1975.

WAAK, W. *As duas faces da glória*. Rio de Janeiro: Nova Fronteira, 1986.

WEBER, M. Parlamentarismo e governo numa Alemanha reconstruída. In: _____. *Os pensadores*. São Paulo: Abril Cultural, 1980.

_____. *Economia y sociedad*. México: Fondo de Cultura Económica, 1984.

SOBRE O LIVRO

Formato: 14 x 21 cm
Mancha: 23,7 x 42,5 paicas
Tipologia: Horley Old Style 10,5/14
Papel: Offset 75 g/m² (miolo)
Cartão Supremo 250 g/m² (capa)
1ª edição: 2004

EQUIPE DE REALIZAÇÃO

Coordenação Geral
Sidnei Simonelli

Produção Gráfica
Anderson Nobara

Edição de Texto
Nelson Luís Barbosa (Assistente Editorial)
Nelson Luís Barbosa (Preparação de Original)
Carlos Villarruel e
Fábio Gonçalves (Revisão)

Editoração Eletrônica
Lourdes Guacira da Silva Simonelli (Supervisão)
Luís Carlos Gomes (Diagramação)

Impressão e acabamento